Kali Sylvia Gräfin von Kalckreuth
und *Frank Boaz Leder*

TouchLife – Massage, die schön macht

Kali Sylvia Gräfin von Kalckreuth
und *Frank Boaz Leder*

TouchLife – Massage, die schön macht

Natürliches Lifting für Körper und Geist

fit fürs Leben Verlag

Die Studien und Erkenntnisse über die Anwendungen
in diesem Buch wurden sorgfältig recherchiert und nach
bestem Wissen und Gewissen wiedergegeben.
Alle Informationen ersetzen aber in keinem Fall ärztlichen
Rat und ärztliche Hilfe. Bei erkennbaren Krankheiten ist in
jedem Fall ein Arzt aufzusuchen. Der Verlag und die Autoren
übernehmen keinerlei Haftung für Schäden, die sich
durch Anwendung der dargestellten Behandlungsmethoden
ergeben und übernehmen auch keinerlei
Verantwortung für medizinische Forderungen.

Kali Sylvia Gräfin von Kalckreuth und Frank Boaz Leder
TouchLife – Massage, die schön macht
Natürliches Lifting für Körper und Geist

1. Auflage 1999

Titel: Peter Jaruschewski, Tita Bayer
Gestaltung: Martina Wessels
Lektorat: Britta Kurtz
Illustrationen: Traudel Marks-Collet
Fotos auf den Seiten 35, 47, 55, 71, 81, 93, 95: Tita Bayer
Druck: Druckservice Wümme

Dieses Buch wurde auf chlorfrei gebleichtem
Papier gedruckt.

ISBN 3-89526-028-2
Printed in Germany

Inhaltsverzeichnis

Was ist das Geheimnis?
Sobald eine Hand auf Dir ruht,
geschieht augenblicklich Veränderung.
Du atmest anders,
spürst Dich deutlich,
sinkst in Dich hinein.
Was ist das Geheimnis?

Vorwort

In den vergangenen Jahren habe ich mich mit großer Begeisterung in der Ganzheitlichen Massage nach der TouchLife-Methode ausbilden lassen. Beeindruckt hat mich vor allem der große Respekt vor den Menschen und die sensible, differenzierte Wahrnehmung von leib-seelischen Prozessen in der Arbeit von *Kali Sylvia von Kalckreuth* und *Frank Boaz Leder,* die gemeinsam dieses Buch geschrieben haben.

Das »Geheimnis« ihrer Ganzheitlichen Massage liegt darin, im Gegensatz z.B. zur physiotherapeutischen Behandlung, daß sie den Körper eines Menschen nicht unter rein funktionellen Aspekten betrachten, sondern Leiblichkeit immer als integralen Bestandteil des Menschen begreifen. Der Zersplitterung des Körpers in Einzelteile, die bei Krankheit repariert werden müssen, wie wir es häufig im Medizinsystem erleben, setzt die Ganzheitliche Massage eine integrative Herangehensweise entgegen, die sich immer an der psycho-physischen Gesamtsituation orientiert und dabei Aspekte nichtwestlicher Medizintraditionen einbezieht.

Die Massagepartner erleben dabei, daß sie neben der Erfahrung des Funktionierens ihres Körpers auch die Möglichkeit haben, sich selbst in ihrer Leiblichkeit als Person zu erfahren, Zeit zu haben, sich auf sich selbst wieder neu einzulassen. Sie spüren, daß sie nicht nur einen *Körper haben*, sondern auch *Körper sind*.

Den Körper wieder wertschätzen zu lernen als die Basis unseres gesamten In-der-Welt-Seins, ist ein Ziel der Ganzheitlichen Massage. Sie kann einen Teil dazu beitragen, uns zu lehren, daß unsere Sinne die Pforten zur Welt sind, daß wir uns Emotionen, sinnlich-ästhetischer Schönheit, körperlicher Nähe, heilender und zärtlicher Berührung und erotischer Sinnlichkeit nicht funktional, sondern mit meditativer Ganzheitlichkeit hingeben.

Die Ganzheitliche TouchLife Massage kann uns dabei unterstützen, daß wir uns unserer Leiblichkeit wieder als Teil unseres biographischen Gedächtnisses bewußt werden. Für mich als Psychotherapeuten ist es zunehmend wichtiger geworden, daß neben dem, was wir in Gedanken und Bildern/Szenen aus unserer Lebensgeschichte gespeichert haben, auch unsere Körpergeschichte und ihre Spuren das Verhalten und Erleben von Menschen gemeinsam bestimmen und in einen psychotherapeutischen Lernprozeß zur Identität hin integriert werden können.

Unabhängig von einer solchen professionellen Arbeit ist in der Ganzheitlichen Massage das (Wieder-)Entdecken der nicht-sexuellen Sinnlichkeit, der Freude am Körper und der Lust an der Berührung erlebbar, die vielen von uns – oft einfach aus Mangel an Gelegenheit – verlorengegangen ist. Die Wiederentdeckung von alltäglicher, heilender Berührung, wie ich sie erfahren habe, wünsche ich allen Leserinnen und Lesern.

Prof. Dr. phil. Gregor Terbuyken, Diplompsychologe

Einleitung

TouchLife Massage ist eine ganzheitliche Massage. Sie ist auch als *»Ganzheitliche Massage nach Leder & von Kalckreuth«* bekannt und wird von der *TouchLife-Schule für Ganzheitliche Massage* gelehrt*. Als Autoren des vorliegenden Ratgebers sind wir auf dem Gebiet der Massage anerkannte Fachleute. Unsere praktische Erfahrung summiert sich auf über 10.000 Massagesitzungen, die wir seit der Gründung unserer Praxis für Ganzheitliche Massage 1984 selbst gegeben haben. Rechnet man die Massagen der rund 500 MassagetherapeutInnen hinzu, die seit 1989 an der TouchLife-Schule von uns ausgebildet wurden, sind die theoretischen und praktischen Informationen dieses Buches ungefähr 100.000mal durch die tägliche Praxis bestätigt worden. Die Massagen, die Sie nach den hier beschriebenen Anleitungen selbst geben können, werden also Freude und Gesundheit schenken, sofern Sie sich an die Anweisungen dieses Buches halten.

Dennoch sollte vor jeder Massageanwendung geklärt werden, ob sich hinter den Verspannungen nicht eventuell eine ernsthafte Erkrankung verbirgt. Dies kann allerdings nur der Haus- oder Facharzt feststellen. Bei aller gutgemeinten Fürsorge dürfen LaienbehandlerInnen immer nur dann eine Massage als »Gesundbehandlung« weitergeben, wenn sichergestellt ist, daß kein medizinischer Befund vorliegt, der eine Therapie erfordert.

Lernen Sie,
Massagen zu geben

*TouchLife ist eine Wortschöpfung aus zwei Hauptwörtern, die jeweils mit einem Großbuchstaben beginnen, aber nicht durch ein Leerzeichen voneinander getrennt sind. TouchLife ist ein eingetragenes Warenzeichen® der TouchLife-Massageschule.

Im ersten Teil des Buches möchten wir Ihnen die für eine gute Massage erforderlichen grundlegenden Kenntnisse vermitteln. Mit diesen Informationen können Sie den praktischen zweiten Teil des Buches, in dem die Massagegriffe beschrieben sind, am besten nutzen.

Dieses Buch haben wir hauptsächlich für AnfängerInnen geschrieben und stellen nur solche Griffe und Techniken vor, die schmerzfrei anzuwenden und relativ einfach nachzuvollziehen sind. Viele Laien haben in den vergangenen Jahren nach diesem Schema positive Erfahrungen mit der Massage gemacht und anderen Menschen Entspannung verschafft. Wir wünschen uns, daß es Ihnen ebenso ergehen möge.

Einfache, aber wirkungsvolle Griffe und Techniken

Tiefergehende Griffe und fortgeschrittene Massagetechniken können Sie aus einem Buch nicht lernen. Dafür müssen Sie sich längere Zeit einer Übungsgruppe unter Anleitung erfahrener LehrerInnen anschließen. Wenn Sie feststellen, daß Ihre Hände Talent für die »Kunst der Berührung« haben, können Sie sich für Informationen zu Ausbildungskursen für Anfänger und Fortgeschrittene an die am Ende des Buches aufgeführte Adresse wenden.

I. Das Besondere der TouchLife Massage

TouchLife – Das Leben berühren

Unsere englische Wortschöpfung »TouchLife« besitzt zwei Bedeutungen. Wenn man *Touch* als Verb versteht, so ist *TouchLife* die Aufforderung »Berühre das Leben«. Setzt man *Touch* hingegen als Substantiv ein, ergibt sich sinngemäß »Berührung des Lebens«. Das Zusammenschreiben der beiden Wörter sagt aus, worum es bei der Berührung geht: Abstand und Trennung werden aufgelöst, Nähe und Einheit können entstehen. Jedes Mal, wenn man einen anderen Menschen berührt, wird dieses Ziel erreicht.

Das Grundprinzip des Lebens ist Veränderung. Das Grundprinzip des bedingten, menschlichen Daseins ist Berührung. Menschliche Lebendigkeit ist ohne die Qualität der Berührung, des Kontaktes nicht denkbar. Vom Moment der Zeugung, über die Entwicklung des Embryos in der Gebärmutter, seiner Geburt, die eine der stärksten Berührungserfahrungen ist, und seine weiteren Entwicklungsstufen, immer wieder ist die Berührung das zentrale Wachstumsprinzip: Wenn der Mensch berührt wird, verändert er sich. Und der Umkehrschluß stimmt ebenfalls: Was der Mensch berührt, das verändert er.

Wenn sich zwei Menschen zum Beispiel während einer Massage berühren, wird auf der körperlichen und der geistigen Ebene ein dynamischer Prozeß in Gang gesetzt, der in beide Richtungen wirkt. Manchmal, wenn alle Vorzeichen stimmen, Vertrauen da ist und die innere Führung es will, fühlt es sich so an, als ob in der Berührung selbst die Antworten auf alle Fragen lägen, die man sich immer gestellt hat. Solche Momente lassen sich nicht erzwingen. Sie

Das Grundprinzip des Lebens ist Veränderung

können dann entstehen, wenn sich Menschen mit einem offenen Herzen, Respekt und Achtsamkeit begegnen.

Bernie S. Siegel, der auf Krebsoperationen spezialisierte amerikanische Chirurg:

»Nach meinem persönlichen Gefühl haben wir ›Lebens‹- und ›Sterbens‹-Mechanismen in uns. Die wissenschaftlichen Forschungen anderer Ärzte und meine täglichen klinischen Erfahrungen ließen mich zu der Überzeugung gelangen, daß der Gemütszustand die körperliche Verfassung verändert, indem er durch das Zentralnervensystem auf das endokrine System und das Immunsystem wirkt.

Seelenfrieden sendet dem Körper eine ›Lebens‹-Botschaft, während Depression, Angst und ungelöste Konflikte ihm eine ›Sterbens‹-Botschaft übermitteln. Meine Erfahrungen mit vielen Berührungstherapien überzeugten mich davon, daß die Berührung eine ›Lebens‹-Botschaft weitergibt, manchmal sogar in Fällen, in denen alle sagen, es bestünde wenig Hoffnung auf ein Überleben.«

Bewußtheit und Berührung bringen Schönheit ans Licht

Schönheit berührt uns. Wenn wir Schönheit wahrnehmen, spüren wir eine Resonanz in uns. Etwas in uns beginnt zu schwingen. Als schön empfinden wir die Ausgewogenheit einer Form oder ihre Einzigartigkeit. Klarheit ist schön und auch Aufrichtigkeit. Schön ist ein Mensch, der sein Potential verwirklicht. Ein typisches Merkmal eines schönen Menschen ist seine Einzigartigkeit, wenn er aus der Mittelmäßigkeit heraustritt. Diese Art von Schönheit besitzen Menschen, die zu sich selbst stehen.

Schönheit ist kein Privileg der Reichen, Klugen oder der Models. Schönheit ist naturgegeben und ruht in unserem Inneren als Potential, das darauf wartet, von uns entdeckt zu werden. Schönheit kann so einfach sein, daß wir sie bei der oberflächlichen Betrachtung übersehen. Auch der Betrachter braucht also einen Blick, einen wahrnehmenden Zugang für Schönheit. Die Fähigkeit, Schönheit in den einfachsten Dingen wahrzunehmen, bringt Freude. Schönheit zu bemerken und sich von ihr berühren zu lassen, verändert den Betrachter selbst.

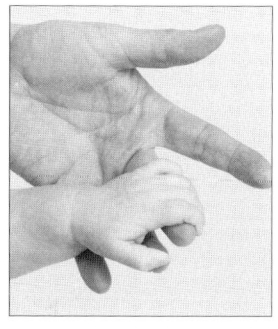

Wenn man sich als Behandelnder bei einer Massage auf die Berührung des Massagepartners* wirklich einläßt, wenn man wach und aufmerksam die Wärme und Beschaffenheit der Haut unter den Fingern spürt, das Auf und Ab der Atembewegung als sichtbaren Ausdruck der Lebendigkeit des anderen Menschen wahrnimmt und dem subtilen, geheimnisvollen Pulsieren der Lebenskraft, die sich im Berührungskontakt offenbart, nachspürt, dann empfindet man tiefen Respekt und Bewunderung für die Einzigartigkeit des Menschen. Aus diesem Gefühl heraus, das sich meistens still einstellt und manchmal überwältigend sein kann, kann man gar nicht anders, als denjenigen, den man massiert, schön zu finden.

Diese inspirierte Einstellung des Gebenden während einer Massage macht aus dem bloßen Anfassen eine Berührung, die wirklich unter die Haut geht und die Seele erreicht. Aus einer einfachen Massage wird eine TouchLife-Berührung, die die Lebendigkeit an jeder Stelle, an der die Hände streichen oder ruhen, aufscheinen läßt.

Wir haben uns aus Gründen der besseren Lesbarkeit für die grammatikalische männliche Endung entschieden. Frauen und Männer sind aber gleichermaßen angesprochen.

Massage zum Mitmachen

In dem praktischen Teil dieses Buches ab Seite 55 lernen Sie einfache Massagesequenzen für fünf verschiedene Körpersegmente kennen. Wenn Sie eine davon auswählen und keine weiteren Griffe hinzufügen, handelt es sich um eine Teilmassage. Ist die Beschäftigung mit Massagen für Sie noch neu, sollten Sie mit den verschiedenen Teilmassagen, die wir hier vorstellen, beginnen. Sie entsprechen den medizinischen Kurzmassagen, bei denen in 15 Minuten Behandlungszeit die auffälligste Problemzone im Mittelpunkt steht.

Massage ist eine kreative Arbeit

Es kommt häufig vor, daß Spannungen nicht nur punktuell auftreten, sondern sich über mehrere Körpergebiete erstrecken oder auch eine gesamte Körperhälfte betreffen können. In diesem Fall ist ein Kombinationsbehandlungsmuster sinnvoller. Bei Kombinationen massiert man zwei oder mehrere Teilgebiete nacheinander und stellt mit Ausstreichungen und Haltegriffen eine Beziehung zwischen den verschiedenen Körperteilen her. Dies entspricht dem System der TouchLife-Methode, die anspruchsvolle Massagekombinationen anwendet, um eine vollständigere Erfassung der verspannten Muskulatur durch die Massage zu erreichen.

Eine gute Behandlerin, ein guter Behandler erkennt die Bedürfnisse und die individuelle Problematik des Massagepartners, indem sie/er durch ein Vorgespräch herausfindet, welche Körperteile aktuell eine Massagezuwendung brauchen. Die Abfolge der Massage kann von Mal zu Mal variieren, wodurch die gesamte Massage zu einer äußerst kreativen Arbeit wird. Bei einer Anwendung wird

vielleicht der Bereich Rücken – Arme – Gesicht und bei der nächsten der Bereich Gesicht – Arme – Rücken gewünscht. Je nach den individuellen Bedürfnissen können beide Abläufe sinnvoll sein.

Die Verbindung einzelner Teilgebiete zu interessanten Kombinationen kann Ihr nächstes Ziel sein. Dadurch werden Ihre Massagen allmählich intensiver und zeitlich länger. Ihren Massagepartnern wird diese »Wunschzettelmassage« viel Freude schenken. Gehen Sie aber auf diesem Lernweg Schritt für Schritt voran. Jeder einzelne Massagegriff sollte Ihnen leicht von der Hand gehen, bevor Sie an schwierigere und längere Passagen herangehen.

In den Kapiteln 5–9 finden Sie Beschreibungen und Zeichnungen einfacher Massagegriffe, die Sie bei anderen Menschen anwenden können. Aus dem Wohlgefühl, das Sie damit schenken, können Sie selbst viel Freude gewinnen. Des weiteren stellen wir dort Übungen für die Selbstmassage vor. Die Übungen sind unterschiedlich aufgebaut und für Menschen gedacht, die gern mehr über sich selbst und die Ursachen ihrer Verspannungen erfahren möchten.

Mit den Übungen erzielen Sie gleichermaßen ein Lifting für Körper <u>und</u> Geist. Manche Übungen können Sie allein durchführen, andere mit einem Partner. Mit einem Partner auf Entdeckungsreise zu gehen, kann sehr spannend sein, und Sie können sich gegenseitig unterstützen.

Sie werden von diesen Anregungen verstärkt profitieren, wenn Sie die Übungen über einen längeren Zeitraum regelmäßig durchführen. Sie entwickeln Geschick und Einfühlungsvermögen im Umgang mit Ihrem Körper und Ih-

rer geistigen Haltung, die sich darin ausdrückt. Mit der Zeit werden Sie diese Übungen eventuell abwandeln. Das kann sehr gut sein, da jeder Mensch anders strukturiert ist, und eine individuelle Angleichung mehr Spaß macht und wirkungsvoller ist.

Nicht geeignet sind diese Übungen für Menschen, die psychisch krank sind. Diesen Menschen ist eher mit einer Psychotherapie (eventuell auch in einer psychotherapeutischen Gruppe) unter der Anleitung eines erfahrenen Therapeuten geholfen. Wenn der Geist krank ist, braucht er die Unterstützung eines anderen Menschen, der sich mit diesen Geisteszuständen auskennt.

Lifting für Körper und Geist

Lifting ist ein Wort aus dem englischen Sprachgebrauch und bedeutet *anheben.* Lifting kennen die meisten Menschen als Begriff aus der Schönheitschirurgie, z.B. *Face Lifting.* Dabei wird die Gesichtshaut gestrafft, um Fältchen verschwinden zu lassen, sogar ganze Gesichtspartien können verändert werden. Lifting soll Verjüngung bringen, indem die Spuren des Lebens aus dem Gesicht verbannt werden. Der »Erfolg« dieser Eingriffe ist allerdings nur von begrenzter Dauer. Bereits nach einiger Zeit setzt sich der natürliche Alterungsprozeß wieder durch. Ein zweites oder drittes Mal nachzuliften, ist nicht nur aus medizinischer Sicht bedenklich.

Ganzheitliche Massage für die Schönheit

Wenn wir in diesem Buch das Wort »Lifting« verwenden, ist nicht der chirurgische Eingriff gemeint. Für uns bedeutet **Lifting für den Körper** das Anheben, Beleben und Glätten des Gewebes auf eine natürliche Weise.

Durch die richtigen Massagegriffe und die Berührung während der Massage werden Stoffwechselprozesse in Gang gesetzt, die die Zellen verstärkt mit allen wichtigen Stoffen versorgen und dadurch das Muskelgewebe in seiner Elastizität trainieren. Eine Verjüngung vollzieht sich auf diesem sanften Weg nachhaltiger als bei einer Operation.

Lifting für den Körper

Nach einer Gesichtsmassage ist das Gesicht weich, offen, glatt und wunderschön. Diese Veränderung kann nach einer Weile durch den Alltagsstreß wieder verschwinden. Hier ist jedoch der Wiederholungseffekt mehrfacher Massagebehandlungen unbedenklich, er ist sogar willkommen, kann er doch langfristig Geschmeidigkeit und Frische erhalten helfen. Je öfter ein Mensch gut massiert wird, desto besser für seine Gesundheit und auch für sein Aussehen.

Wenn man feststellt, wie positiv eine Massage oder eine Selbstmassage das innere Empfinden und das äußere Erscheinungsbild aufbaut, ist man motiviert, diesen Weg weiter zu beschreiten. Für viele Menschen ist die Entdeckung ihrer Selbstheilungskräfte der Neuanfang zu einem erfüllteren Leben.

Lifting für den Geist

Lifting für den Geist verstehen wir als *Anhebung* auf der geistigen Ebene. Eine geistige Anhebung bedeutet unsere Bewußtwerdung als ganzheitliches Lebewesen. Lifting für den Geist ist ein Erkenntnisprozeß, sobald wir beginnen, unser Verhalten zu hinterfragen und unsere Aufmerksamkeit auf uns selbst richten. Geistiges Lifting vollzieht sich, wenn wir lernen, daß Körper und Geist eine sich gegenseitig bedingende Einheit bilden.

Lifting für den Geist heißt auch, die Begrenzung unserer festen Strukturen mit Abstand zu betrachten und nach Bedarf zu verändern. Es bedeutet auch, destruktive Geisteszustände in konstruktive, heilsame Schwingungen umzuwandeln und beinhaltet einen Neubeginn, wann immer wir dafür bereit sind.

2. TouchLife – Eine Massage, die allen guttut

Massieren kann jede/r

Massage ist eine natürliche und einfache Angelegenheit. Obwohl es den Beruf des/r Masseurs/in gibt, kann jeder, der einfühlsame Hände hat, andere Menschen massieren. Zwar kann man mit mehr Erfahrung bessere Massagen bewirken, das heißt aber keinesfalls, daß Laien nicht massieren sollten. Im Gegenteil. Viele Menschen könnten intuitiv gut massieren, weil sie zu ihrem eigenen Körper ein natürliches Verhältnis haben, sie tun es aber nicht, weil ihnen das Vertrauen in die eigenen Fähigkeiten fehlt. Manche befürchten, Sie könnten etwas falsch machen: *Darf ich das denn überhaupt, ich will dem anderen ja nicht schaden, kann ich auch wirklich nichts verkehrt machen?* Diese Vorsicht ist gut. Sie sorgt dafür, daß Sie behutsam und respektvoll an andere Menschen herangehen, und das ist die Grundlage einer guten Massage. Die richtige Technik können Sie lernen. Mit diesem Buch möchten wir Ihnen Mut machen und Sie durch die Grundlagen der Massagepraktiken begleiten.

Massage ist der Begriff für die professionalisierte Berührung zwischen Menschen. Meistens findet Berührung jedoch innerhalb privater und familiärer Beziehungen statt, denn je näher uns Menschen stehen, desto eher lassen sie sich von uns berühren. Zwar ist eine Massage unter Freunden oder in der Familie keine Heilbehandlung, dennoch können diese Laienbehandlungen die Selbstheilungskräfte anregen.

Massage regt die Selbstheilungskräfte an

Massage ist gesund, fast jeder wird gerne massiert, und Menschen anzufassen, die man mag, bringt Freude. Es spricht vieles dafür, daß Sie damit jetzt beginnen.

Partnermassage

Dem eigenen Partner stehen Sie nahe, Sie kennen seinen Körper. Wenn Sie sehen, daß Ihr Partner müde und abgespannt nach Hause kommt, können Sie ihm mit einer Massage aus dem momentanen Tief heraushelfen. Eine Massage zu geben, heißt, sich für einander Zeit zu nehmen.

Geben und Nehmen sollte sich die Waage halten

Das Besondere an einer Massage des Lebenspartners ist, daß die Massage die Intimität und den lustvollen Umgang miteinander vertiefen kann. Darum warten Sie nicht mit einer Massage, bis sich Ihr Partner unwohl fühlt. Verschenken Sie eine Massage, um Ihnen beiden eine Freude zu bereiten. Bei einer Massage mit dem Lebenspartner entdecken Sie gemeinsam eine neue Ebene der Körperlichkeit. Dadurch können Sie Ihre gemeinsame Sexualität unbefangener miteinander leben. Die Grenze zwischen einer Wohlfühlmassage und der zärtlichen, erotischen Berührung ist bei einer Partnermassage fließend, und Sie können gemeinsam entscheiden, wo diese Grenze verläuft.

Das Geben von Massagen sollte auf Gegenseitigkeit beruhen, denn wenn immer nur der eine Partner die Massagen genießt, macht es dem Gebenden sicher bald keine Freude mehr. Die »Rückgabe« muß nicht am gleichen Tag erfolgen – obwohl das auch eine schöne Erfahrung sein kann. Geben und Nehmen halten sich in diesem Fall am besten die Waage.

Massage für Freunde

Die meisten BehandlerInnen, die wir in der TouchLife Massage ausbilden, haben im Freundeskreis mit Massagen begonnen. Andere Menschen scheinen zu spüren, wenn jemand eine besonders gute »Massagehand« hat, und diese Personen werden häufig gebeten, bei Verspannungen »mal eben« zu massieren. Wenn man zunehmend merkt, daß die eigenen Massagen gut ankommen, wächst das Vertrauen in das eigene Können und der Wunsch, diese Fähigkeit zu vertiefen.

Massage kann man als eine Freizeitbeschäftigung betrachten, ähnlich wie eine Sportart, die man zusammen mit einem Partner ausübt. Als Massierender bewegt man sich ausgiebig, und alle Gelenke haben an den runden, fließenden Bewegungsabläufen der Massagegriffe teil. Das ist gut für die eigene Fitneß, während die Empfangenden gleichzeitig von der entspannenden Wirkung der Massage profitieren.

Wenn Freunde oder Freundinnen Massagen untereinander austauschen, kümmern sie sich um das Wohlbefinden des anderen. Die Freundschaft kann sich dadurch intensivieren, weil man mehr voneinander erfährt. Massagegutscheine sind ein sehr persönliches und meist willkommenes Geschenk.

Verschenken Sie eine Massage an Freunde

23

Massage für ältere Menschen

Die sanfte TouchLife Massage ist, sofern keine gesundheitlichen Probleme dagegensprechen, für ältere Menschen sehr zu empfehlen. Für den Gebenden mag es anfänglich schwierig sein, denn manche Menschen scheuen sich davor, einen alten Körper zu sehen und ihn zu berühren. Innerhalb von Großfamilien war es früher selbstverständlich, daß die Alten zu Hause lebten und die nachkommenden Generationen den natürlichen Alterungsprozeß miterlebten. Unsere moderne Lebensweise hat in der Familie für die Senioren oft keinen Platz mehr und delegiert die Altenpflege an Fachkräfte in Wohnstiften und Heimen. Leider wird zunehmend alles, was nicht in das Idealbild eines gesunden, jungen und funktionierenden Menschen paßt, tabuisiert. Krankheit, Alter und Tod werden weitestgehend verdrängt.

Auch alte Menschen lieben es, berührt zu werden

Durch die Massage eines alten Menschen können Sie jedoch eine ebensolche Befriedigung erfahren wie durch die Massage Ihres Partners, wenn Sie die »Persönlichkeit im Menschen« berühren und nicht nur seinen gealterten Körper sehen. Mit der Massage älterer Menschen können Sie bereits in jungen Jahren eine unbefangene Beziehung zum Altern entwickeln. Versuchen Sie, beim nächsten Alterswohnheimbesuch eine 10minütige Einreibung mit einem duftenden Massageöl einzuplanen. Sie werden dem alten Menschen damit eine große Freude machen!

Ältere Menschen plaudern sehr gern, auch während der Massage. Wir vergessen leicht, daß der Wunsch nach sozialem Kontakt und körperlicher Nähe menschliche Grundbedürfnisse sind, die im Alter nicht abnehmen, aber

immer seltener Befriedigung erfahren. Die Massagestunde erfüllt neben dem gesundheitlichen Aspekt also auch das Bedürfnis nach Nähe und Austausch, das für viele Senioren nur unzureichend befriedigt wird.

In den TouchLife-Massagekursen wird uns häufig berichtet, wie positiv sich die Beziehung zu den eigenen Eltern verändert hat, nachdem Kursteilnehmer ihrem Vater oder ihrer Mutter eine Übungsmassage angeboten haben. Waren die Eltern offen und konnten die Massage annehmen, war es für die Gebenden immer ein sehr beeindruckendes Erlebnis, ihren Eltern auf diese Weise etwas (zurück-)geben zu können. Oftmals hat es seit Jahren oder sogar Jahrzehnten nicht mehr so viel Körperkontakt zwischen Eltern und Kindern gegeben, wie es die Massage auf einmal ermöglichte. In einigen Familien konnte die Kluft, die sich zwischen den Familienmitgliedern über Jahre hinweg gebildet hatte, durch die körperliche Nähe der Massage wieder geschlossen werden.

Manche älteren Menschen haben einen labilen Kreislauf und neigen zu Schwindel. Die flache Ruhelage und die passive Entspannung während der Massage können dazu führen, daß der Kreislauf zeitweilig zu weit absackt.

❖ die Behandlungsdauer sollte je nach dem individuellen Gesundheitszustand variieren;
man kann z.B. mit 15 Minuten beginnen und steigert beim nächsten Mal die Massagezeit, sofern die Massage insgesamt gut angenommen wird
❖ eine Rückenmassage sollte generell nicht länger als 15 Minuten dauern, weil die Bauchlage viele ältere Menschen sehr anstrengt

Massage
älterer Menschen

Massage älterer Menschen

- ❖ wird in der Bauchlage der Nacken steif, kann ein Kissen unter der Brust oder das Drehen des Kopfes helfen
- ❖ Arme und Beine werden zum Herzen hin massiert; Ausstreichungen zu Händen und Füßen sind aber möglich
- ❖ eine sehr entspannende Massagevariante ist das Eincremen von Händen und Füßen. Die Empfangenden können sich auf einem Liegestuhl oder einem Bett ausruhen; durch die Stimulation der Reflexzonen an Händen und Füßen wird der ganze Körper angesprochen
- ❖ seien Sie beim Aufrichten nach der Massage behilflich und vergewissern Sie sich, daß dem Massagepartner beim Aufsetzen nicht schwindlig wird

Bei Schwindel: Reagieren Sie nicht panisch. Der Massagepartner legt sich nochmals ruhig auf den Rücken und hebt seine Beine auf ein dickes Kissen oder eine gefaltete Decke. Dabei atmet er mehrmals tief durch. Sprechen Sie beruhigend auf ihn ein, und massieren Sie kräftig seine Hände. Nach drei Minuten bieten Sie ihm Wasser zu trinken an und helfen ihm beim Aufsetzen.

Massage für Kinder und unter Kindern

Kinder lieben es, berührt zu werden, und sie brauchen Berührungen! Massagen innerhalb der Familie gehören bestimmt zu den schönsten Familienritualen. Eine Massage kann z.B. auch eine wirksame und sanfte Einschlafhilfe sein oder eine Belohnung für etwas, das Ihr Kind gut gemacht hat. Massagen sollten für Kinder immer angenehm sein und selbstverständlich nur dann erfolgen, wenn das Kind sie auch wirklich möchte. Schmerzpunktbehandlung, Dehnungen und therapeutische Techniken, die weh tun, mögen Kinder nicht.

Kinder lieben es, berührt zu werden

Viele Griffe und Abfolgen, die für einen erwachsenen Körper sinnvoll sind, passen für die kleinen Körper nicht immer. Sie werden es selbst feststellen, wenn Ihnen gewohnte Griffe bei Kindern nicht mehr locker »von der Hand gehen«. Diese Techniken lassen Sie einfach weg. Ausstreichungen und grundsätzlich alle Griffe, bei denen die ganze Hand mit der Haut des Kindes in Kontakt ist, eignen sich dagegen hervorragend. 80 Prozent der Anfänger-Griffe, die Sie im praktischen Teil dieses Buches kennenlernen werden, gehören zu dieser Sorte. Wenn Sie Ihre Kinder massieren, planen Sie bitte keine feste Behandlungsdauer ein, sondern massieren Sie so lange, wie Sie und Ihr Kind es möchten. Kinder begreifen eine Massage als Spiel, und ihr Nachahmungstrieb sorgt meist von selbst dafür, daß sie – wie die Großen – ebenfalls massieren wollen! Wenn Kinder sich untereinander massieren möchten, erklären Sie ihnen nur, daß man als »Nehmer« ruhig liegt und der »Geber« für eine ölige Haut sorgen muß. Weitere Anleitungen sind nicht notwendig; die Kinder finden von allein heraus, was dem Körper guttut.

Babymassage

Die Motorik und die gesamte körperliche Entwicklung von Babys wird durch Massagen sehr gefördert. Für die Kleinen ist es ein unübersehbarer Genuß, diese wertvolle Zuwendung zu spüren. Babymassage ist jedoch eine Kunst für sich. Deshalb besteht eine verständliche Verunsicherung gerade bei Eltern, die das erste Kind bekommen haben, welche Art von Massage-Berührung für ihr Baby optimal sein könnte. Es gibt spezielle Kurse in Babymassage, in denen Eltern gezeigt wird, welche Massagegriffe für Ihr Kind am besten sind.

Auch in die Babymassage kann eine ganzheitliche Sichtweise integriert werden. Im TouchLife Massagetherapeuten-Netzwerk bieten einige Massagetherapeutinnen seit einigen Jahren Kurse in Babymassage für Mütter und ihre Babys an. Die Adressen erfahren Sie über die TouchLife-Massageschule.

Nachdem Sie mit Hilfe dieses Buches etwas Praxis durch die Massage von Freunden und Verwandten gewonnen haben, lassen Sie unbesorgt Ihr eigenes Baby oder das von Familienangehörigen in den Genuß Ihrer Massagekünste kommen. Eine Babymassage ist ein Dialog der Liebe, für den wir keinen Intellekt benötigen.

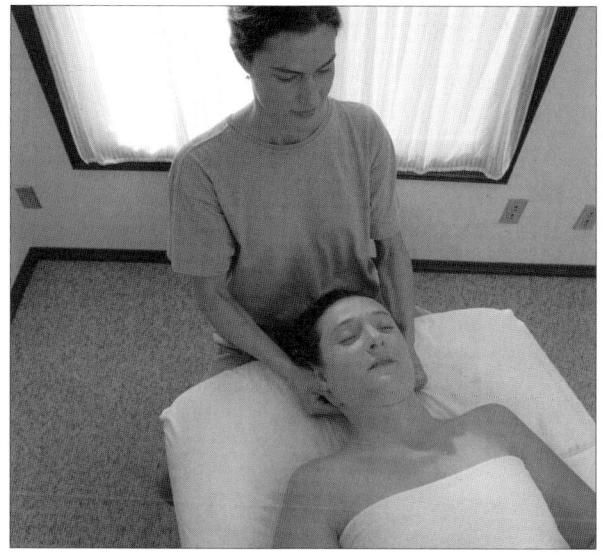

Lernen Sie von den »Profis«

Therapeutische Massage durch professionelle BehandlerInnen

Wenn Sie beim Lesen dieses Buches feststellen, daß Ihnen die Philosophie der TouchLife-Massagemethode gefällt, sind Sie vielleicht gespannt, wie sich eine professionelle Massage eines Therapeuten anfühlt, der das vollständige Griffrepertoire sicher beherrscht (siehe dazu im Anhang: TouchLife MassagetherapeutInnen-Netzwerk). Als Massage-Klient erwartet Sie bei professionellen Massagesitzungen natürlich ein anderes Niveau als als »Übungspartner« von Freunden, die gerade beginnen, sich in dieses Gebiet einzuarbeiten. Wenn Sie selbst Spaß am Massieren haben, können Sie sich von jeder guten Massage, die Sie erhalten, immer einige Grifftechniken merken und Ihren eigenen »Stil« dadurch stetig verbessern.

Geschmeidig und fit durch regelmäßige Massage

Das Besondere an der Ganzheitlichen Massage nach der TouchLife-Methode ist, daß der Ablauf der Massagesitzungen vom Behandler flexibel in einer Art Baukastensystem nach den persönlichen Wünschen des Klienten zusammengestellt wird. Bei dieser maßgeschneiderten Massage stehen jene Verspannungszonen im Mittelpunkt, die der Klient für besonders wichtig hält und berücksichtigt den Grad der individuellen Empfindlichkeit, so daß die Behandlung wirksam, aber nicht schmerzhaft ist. Routinierte Massagebehandlerinnen und -behandler können ein bemerkenswertes Fingerspitzengefühl entwickeln, mit dem sie zum einen die Schmerzpunkte auffinden und zum anderen Druck und Tempo der Massage individuell und optimal anpassen.

Massage ist keine Intensivmedizin; den größten Nutzen für Gesundheit und Wohlbefinden entfaltet diese Maßnahme als regelmäßige und vorbeugende Anwendung, die dem Bewegungsapparat hilft, geschmeidig und fit zu bleiben und Körper und Geist zu tiefer Entspannung einlädt.

Die meisten unserer Klienten dürfen wir über lange Zeit begleiten. Auch wenn die Schmerzen im Laufe der Behandlungen abnehmen, so möchten viele Klienten wenigstens alle 4–6 Wochen eine Ganzheitliche Massage zum Auffrischen des Behandlungseffektes erhalten.

Eine Massage ist immer auch eine Vertrauenssache. Manchmal muß man verschiedene BehandlerInnen und Methoden ausprobieren, bevor man sich endlich gut aufgehoben fühlt.

30

Gegenanzeigen: Hier sollte nicht massiert werden

Bei Fieber, Grippe und akuten entzündlichen Prozessen wie z.B. Rheumaschüben darf nicht massiert werden. Das gleiche gilt für Krebspatienten, die sich noch in Behandlung befinden. Erst wenn der Krebs besiegt ist, sind Massagen zu empfehlen. Bei einem Bandscheibenvorfall und sehr schmerzhaften Ischiasbeschwerden wird nicht massiert, weil sich die Bauchlage verschlimmernd auf die Schmerzursache auswirken kann. In Phasen akuter Herz-Kreislaufschwäche wäre Massage – wie generell alle körperlichen Aktivitäten – gefährlich.

Bei Hautkrankheiten ist darauf zu achten, daß das verwendete Massageöl bzw. die Lotion die Haut nicht reizt oder den Zustand der Haut verschlimmert. Menschen mit Krampfadern dürfen nicht fest geknetet werden; ein gutes Massageöl einzureiben ist jedoch sinnvoll. Menschen, die psychisch krank sind, sollten Massagen nur erhalten, wenn sie innerhalb eines integrierten Therapieplanes vom behandelnden Arzt oder Psychologen empfohlen werden.

Grundregel für Laienbehandler: Sobald es schmerzt, nur Streichelmassagen oder gar keine Massagen geben. Wenn Sie unsicher sind, ob Ihr Partner von Ihnen massiert werden kann, weil er Schmerzen unbekannter Herkunft hat, sollte ein Arzt oder Heilpraktiker zu Rate gezogen werden. Empfehlen Sie bitte im Zweifelsfall Ihrem Partner eine professionelle Massage, anstatt das Risiko einer Fehlbehandlung einzugehen.

31

3. Die fünf Pfeiler der TouchLife Massage

Die TouchLife-Massagemethode basiert auf der Synthese von fünf Elementen: **Berührung, Gespräch, Energieausgleich, Atem** und **Achtsamkeit**. Durch die gleichzeitige Berücksichtigung aller fünf Faktoren wird aus dem einfachen »Anfassen« eines Körpers eine Ganzheitliche Massage, bei der Körper und Geist *berührt* werden. Dadurch kann eine Massage tiefenwirksam sein, ohne weh zu tun und wird von den Massagepartnern gern empfangen.

TouchLife
Berührung
Gespräch
Energieausgleich
Atem
Achtsamkeit

Berührung – Haut, Muskeln und Knochen begreifen lernen

Bei der Massage ist die Haut die erste Kontaktfläche. Durch die Berührung der massierenden Hände kann die Haut warm werden, erglühen, glänzen oder erröten, sie kann aber auch schmerzen oder spannen, zum Erzittern und Zusammenziehen gebracht werden.

Die Haut ist das größte Organ des Menschen. Die Haut eines Erwachsenen ist durchschnittlich 1,6 Quadratmeter groß und wiegt ca. 3,5 Kilogramm. Diese schützende Hülle ist mit ungefähr fünf Millionen winzigen Nervenendigungen als Berührungsempfängern besetzt. Auf nur 2 Quadratmillimetern befinden sich acht dieser Rezeptoren, die uns Informationen darüber liefern, ob unsere Umgebung kalt, heiß, spitz, weich, angenehm freundlich oder unangenehm/feindselig ist. Die in drei Schichten aufgebaute Haut ist zwischen 0,05 mm am Augenlid und 0,8 mm an den Handflächen dick. Die oberste Hautschicht, die Epidermis, erneuert sich alle 28 Tage komplett!

Je nach dem Druck der Berührung werden bei einer Massage tieferliegende Körperschichten wie die Muskeln erreicht. Die Skelettmuskulatur steht im Mittelpunkt der Massage und macht ungefähr 45% der Körpermasse aus. Sie besteht aus hochspezialisierten Zellen, die auf Nervenreize reagieren, sich verkürzen können, sich dehnen lassen und nach der Bewegung in ihre ursprüngliche Lage zurückkehren.

Berührung ist Kommunikation

Eine Massage bewegt und dehnt die Muskelzellen, sie hilft ihnen, zu ihrer natürlichen, gesunden Flexibilität zurückzufinden, ohne daß die Muskeln selbst in das Wechselspiel von Anspannung und Entspannung einbezogen werden müssen. Eine Massage erhöht den Flüssigkeitstransport in der Muskulatur, wodurch einerseits vermehrt Sauerstoff in die Zellen gelangt und andererseits mehr Stoffwechselabfälle aus ihnen herausgelöst werden können.

Außer der Haut und den Muskeln werden innerhalb einer Massage auch die Knochen mit einbezogen. Obwohl die Knochen die härtesten und dauerhaftesten Bestandteile unseres Körpers sind, können wir sie nicht fühlen, da sie nicht von Nerven durchzogen sind. Der Schmerz, den wir bei einem Stoß empfinden, geht von der Knochenhaut aus, in der sich druckempfindliche Nervenzellen befinden. Über die Knochenhaut, deren Blutgefäße den Knochen ernähren, wird bei einer Massage der »Raum« wahrnehmbar, den unsere Knochen ausfüllen.

Innerhalb der TouchLife Massage werden die Knochenlinien mit den Händen oder Fingerspitzen nachgetastet. Meistens tastet man dabei nicht nur den Knochen selbst, sondern auch die mit ihm verwachsenen Muskelsehnen.

Ein Muskel reagiert in seiner ganzen Ausdehnung, sobald sein sehniger Ansatz bzw. Ursprung berührt wird. Somit kann zum Beispiel eine punktuelle Berührung an der Stelle, wo das Schlüsselbein mit dem Brustbein eine gelenkige Verbindung eingeht, die seitliche Halsmuskulatur zur Entspannung anregen. Sie können das selbst mit Ihrem Massagepartner überprüfen. Fahren sie mit den Fingerspitzen behutsam an einer Knochenkante des Schlüssel-, Schien- oder Brustbeins oder des Schädelbasisrandes entlang. Verharren Sie an einigen Punkten für 20 Sekunden, und lassen Sie sich anschließend beschreiben, ob Ihr Partner dabei nur den punktuellen Druck oder eventuell auch Ausstrahlungen in naheliegende Muskeln wahrnimmt.

Eine Ganzheitliche Massage erzeugt Nähe und verbindet Menschen miteinander

Eine Ganzheitliche Massage erzeugt Nähe und verbindet Menschen miteinander. Berührung bedeutet Kommunikation; sie drückt aus: *»Ich bin da, du bist nicht allein.«* Vielleicht ist das der tiefere Grund, warum sie den Behandlerinnen und Behandlern so viel Freude macht und den Empfangenden so guttut.

35

Gespräch – Worte unterstützen die Entspannung

Massage – Berührung – ist eine Sprache, die eigentlich ohne Worte auskommt. Trotzdem können einige einfühlsame Worte, im richtigen Moment gesprochen, das Erlebnis der Massage intensivieren, die Entspannung vertiefen und Störungen vorbeugen. Für eine gute Massage genügt es nicht, nur korrekte Grifftechniken und Fingerspitzengefühl anzuwenden; in der TouchLife Massage ist der Behandler auch Gesprächspartner. Das einfühlsame Gespräch vor, während und nach einer Massage ist für den Erfolg einer Behandlung von großer Bedeutung. Ob sich jemand gut aufgehoben fühlt und inwieweit er Vertrauen faßt, entscheidet sich bereits in dem Gespräch vor einer Massage.

Der Behandelte ist auch Gesprächspartner

Der Behandler nimmt eine neugierige, fragende und offene Haltung ein und gibt dem Massagepartner den Raum, von sich zu erzählen. Sehr wichtig ist, daß das Erzählte anerkannt wird – auf keinen Fall sollte man das Gesagte bewerten oder be-(ver-)urteilen. Der Behandler ist in der Regel nicht aufgefordert, zu eventuell geäußerten Problemen seinen Rat oder Lösungen anzubieten.

Das Entscheidende ist, daß der Massagepartner von sich erzählen kann und einen aufmerksamen Zuhörer hat. Dadurch entsteht eine Atmosphäre des Vertrauens, die Offenheit für eine Massage schafft und die auch nach der Behandlung noch aufrechterhalten werden sollte. Für die optimale Abstimmung der Massage sollte der Behandler vorab einige wichtige Fragen klären.

❖ Wie geht es dir; wie fühlt sich dein Körper heute an?

❖ Was erwartest du von der Massage?

❖ Welche Körperteile sollen/dürfen heute massiert werden?

❖ In welcher Reihenfolge (z.B. rechts/links) soll dies geschehen?

❖ Wieviel Zeit können wir uns nehmen?

❖ Gibt es eine Geschichte zu dem betreffenden Körperteil, die ich wissen sollte?

❖ Gab oder gibt es dort eine Verletzung, akute Schmerzen oder eine Erkrankung?

❖ Falls ja, wurden diese medizinisch untersucht und mögliche Gegenanzeigen zur Massage abgeklärt?

❖ Gibt es empfindliche Zonen, auf die ich besonders achten muß?

❖ Möchtest Du mir noch etwas mitteilen, bevor wir beginnen?

Das Vorgespräch

Der Partner sollte die Massage still genießen und dabei auf die vielfältigen Reaktionen und Empfindungen achten, die sich durch die Stimulanz der Berührung einstellen. Wenn der Massagepartner durchgängig spricht, kann man ihn auffordern, die Massage eine Weile in Stille zu erfahren.

Grundsätzlich sollten beide miteinander vereinbaren, daß der Massagepartner sich äußert, wenn sich etwas unangenehm anfühlt oder wenn er besonders angenehme Griffe nochmals spüren möchte. Solange der Massagepartner schweigt, kann der Behandler davon ausgehen, daß die Massage gern angenommen wird. Dennoch wird ein sorgsamer Behandler ungefähr alle 15 Minuten mit ruhiger Stimme nachfragen, ob sich der Partner insgesamt wohlfühlt und ob er eine Änderung des Drucks oder Tempos

37

der Massagegriffe wünscht. Manche Menschen sind einfach zu schüchtern, um ihre Bedürfnisse selbst zu formulieren und benötigen eine Einladung. Das Wichtigste bei einer guten Massage ist das positive Körpergefühl des Massagepartners.

Im Anschluß an die Massage, nachdem der Partner geruht und sich wieder angekleidet hat, bekommt er durch Nachfragen die Gelegenheit zum Austausch über das, was er während der Massage erlebt hat. Erlebnisse, die im Zustand tiefer Entspannung »von innen« kommen, sind, ähnlich wie Träume, unmittelbar danach noch sehr präsent, verblassen aber im Alltag. Indem man solche Erlebnisse einem anderen Menschen mitteilt, werden sie besser verarbeitet und integriert.

Bei einer positiven Massage wird der Behandelnde durch die Freude und Dankbarkeit seines Massagepartners belohnt. Außerdem erhält er durch den Austausch Aufschluß über die Wirkung seiner Griffe und kann diese Informationen für weitere Massagen verwenden. Griffe, die als wohltuend, hilfreich oder lösend beschrieben werden, können in Zukunft häufiger eingebaut werden, während subjektiv unangenehme oder unwirksame Griffe beim nächsten Mal entweder modifiziert (schneller, langsamer, fester, leichter ...) oder ganz weggelassen werden.

Wer sich öffnet und entspannt, ist auch verletzlich

Durch die Massage kann sich der Partner öffnen, entspannen und dadurch auch seine verletzlichen Seiten spüren. Manchmal wird im Anschluß an eine gute Massage von Problemen und persönlichen Anliegen gesprochen. Dies ist es eine sehr positive Entwicklung und ein weiteres Zeichen des Vertrauens, das der Massagepartner seinem Behandler schenkt. Diese Mitteilungen erfolgen in der besonderen Intimität, die sich durch den Respekt der Menschen füreinander im Rahmen der Massage entwickelt hat. Es sollte für beide Partner selbstverständlich sein, daß vertrauliche und persönliche Informationen nicht an andere Personen weitergegeben werden.

Energieausgleich – Stagnation kommt ins Fließen

Energie fließt, sie ist die Bewegung des Lebens und liegt aller Materie zugrunde. Energie kann sich sowohl als positive als auch als negative Kraft äußern; ihr Grundelement ist jedoch weder gut noch böse, weder hoch noch niedrig, weder Licht noch Schatten. Entspringt sie aus ursprünglicher Quelle, ist Energie neutral. Sie ist rein, ohne Zuordnung und gehört niemandem, obwohl sie in jedem Menschen fließt.

Energie ist rein – sie fließt in jedem Menschen

Das menschliche Wahrnehmungsvermögen ist groß, und viele Bereiche sind noch unerforscht. Phänomene wie Auralesen, das Erspüren und Auflösen energetischer Blockaden, Hellsichtigkeit und Hellhörigkeit zählen dazu. In den meisten Menschen bleibt dieses Potential ungenutzt. In manchen schlummert eine große Sensibilität für diese subtile Ebene und wartet darauf, eingesetzt zu werden. Auch wenn ein Massierender für die feineren Energien des Körpers nicht sensibilisiert ist, so wird doch jede Massage die Energieebene berühren, da in jeder Zelle des Körpers Lebensenergie fließt. Eine Berührung zwischen zwei Menschen ist immer auch eine Begegnung zweier Energiesysteme.

Ausstreichungen

Sehr wichtig bei der TouchLife Massage sind die sogenannten Ausstreichungen. Dabei streicht eine Hand, oder beide Hände gleichzeitig, mit vollem und gleichmäßigem Hautkontakt von einer Stelle des Körpers in gleichbleibendem Tempo und mit gleichem Druck zu einem der »fünf Ausgänge« des Körpers: entweder bis zu einer Hand, einem Fuß oder über die höchste Stelle des Kopfes (Scheitelpunkt/Fontanelle).

Man empfindet diese Technik als lösend, befreiend, ausgleichend und den gesamten Körper beruhigend. Die Hände passen sich dabei weich und mit mittlerem Druck den Körperformen an. Dadurch sind Ausstreichungen nie schmerzhaft, sondern im Gegenteil wunderbar entspannende und wohltuende Massagegriffe.

Ausstreichungen stellen eine Verbindung zwischen einzelnen verspannten Punkten und den angrenzenden Körperteilen her. Darüber hinaus zeigen sie der gestauten Energie (Gewebewasser, Blut, Hitze) einen Weg, wie sie sich verteilen kann. Ausstreichungen sind der schönste Weg, die Hände vom Körper des Behandelten zu lösen, da der Abschluß über einen der fünf Ausgänge nicht als Bruch oder Abreißen des Kontaktes empfunden wird.

Ruhende Haltegriffe

Die TouchLife-Methode lehrt eine Reihe ruhender Haltegriffe, die auch in allen Behandlungsmustern dieses Buches beschrieben werden.

Zu Beginn einer Massage stellen sie eine Art Kontaktaufnahme dar, sie können aber auch an jedem beliebigen Punkt während der Massage spontan integriert werden.

Am Ende der Massage dienen sie als Abschlußgriffe zum Nachspüren und Integrieren sowie als sanfter Abschied. Wenn Sie Ihre Hände auflegen und ruhen lassen, nimmt Ihr Massagepartner diesen ruhigen Kontakt sehr intensiv wahr.

Ruhende Haltegriffe

Atem – Ein entspannter Atemfluß ist natürliche Lebendigkeit

Ihr volles Atempotential schöpfen Sie bei einer Atembewegung aus, die Bauch-, Flanken- und Brustatmung gleichermaßen beteiligt. Beim Einatmen füllen sich die Lungen mit Sauerstoff, und beim Ausatmen wird die verbrauchte Atemluft vollständig entlassen. Nach dem Ausatmen entsteht quasi automatisch eine kurze Pause, die sogenannte Atemruhe, bevor die nächste Einatemphase einsetzt. Da das volle Atempotential allerdings selten voll ausgeschöpft wird, ist die Atembewegung im Körper meistens klein und beschränkt. Somit wird das Energieniveau auf einer niedrigen Stufe gehalten, und die verbrauchte Luft kann nicht vollständig ausgeatmet werden. Außerhalb der Schlafphasen, in denen sich der Atem von selbst befreien, vertiefen und entfalten kann, sind viele Menschen unwissentlich Flachatmer. Diese flache, kurze Atmung vermittelt dem Körper, daß er sich in einer Streßsituation befindet. Flachatmer stehen also unter unbewußter, aber andauernder innerer Anspannung, die eine verstärkte Anspannung und schlechtere Durchblutung der Muskulatur verursacht.

Wenn flachatmende Menschen ihre Aufmerksamkeit bewußt zu ihrem Atem lenken, so werden sie feststellen, daß ihr Atemraum relativ eng ist und die tiefe Atmung somit

41

eher anstrengt. Darum lenken die meisten Menschen ihre Aufmerksamkeit lieber wieder schnell von der bewußten Atemerfahrung weg und verharren auf einem niedrigeren Energieniveau.

Die Einbeziehung des Atems intensiviert die Massage, und die Entspannung vertieft sich. Als Massierender kann man z.B. immer dann, wenn der Partner ausatmet, den Auflagedruck der Hände etwas verstärken, als wollte man die verbrauchte Atemluft herausdrücken.

Während einer Massage kann sich der Massagepartner sehr gut seines Atems bewußt werden, die Blockaden entdecken und lernen loszulassen. Massage und Atemvertiefung können sich gegenseitig unterstützen, und die Massage wird als zutiefst ausgleichend und befriedigend empfunden. Mit einem gelösten, tiefen Atemfluß erreicht man schneller den Bereich der Tiefenentspannung.

Achtsamkeit – Die Einzigartigkeit eines Menschen achten

Die Energie geht dorthin, wo die Aufmerksamkeit ist

Achtsamkeit ist die klare Konzentration darauf, was im Augenblick einer inneren oder äußeren Erfahrung geschieht. Es ist die unmittelbare Anschauung der persönlichen körperlichen und geistigen Daseinsvorgänge, soweit sie in den Spiegel unserer Aufmerksamkeit fallen.

Achtsamkeit ist »Reines Beobachten«, wenn sich der Betrachter gegenüber dem Objekt nur aufnehmend verhält, ohne es mit seinem Gefühl, Willen oder Denken zu bewerten und ohne durch Handeln auf das Objekt einzuwirken. »Reines Beobachten« ermöglicht ein Innehalten und Still-

werden des Geistes, das so wichtig und wohltuend ist bei unserem oft vorschnellen Handeln, Eingreifen, Beurteilen und Bewerten.*

In der Massage bedeutet Achtsamkeit, den Massagepartner nicht verändern oder manipulieren zu wollen, sondern davon auszugehen, daß jeder Mensch einen einzigartigen Weg geht und es in seiner Verantwortung liegt, den Zeitpunkt und die Länge seiner Schritte zu bestimmen. Als Massierender sollten Sie sich immer bewußt machen, daß es etwas Besonderes ist, wenn ein anderer Mensch Ihnen gestattet, ihm mit einer Massage so nahe zu kommen. Darin liegt eine vertrauensvolle Hingabe, die Sie sich durch die ganze Art und Weise, wie Sie die Berührungen ausführen, ständig verdienen müssen.

Achtsamkeit – oder Reines Beobachten – ist eine geistige Fähigkeit, die jeder besitzt und die man (weiter-)entwickeln kann. Innerhalb der TouchLife Massage richtet der Massagepartner möglichst oft seine Achtsamkeit auf die körperlichen Empfindungen, die durch die Massage stimuliert werden. Dann spürt er seine eigene Körperwärme und den Hände- bzw. Fingerdruck des Massierenden, er nimmt die Berührungen und seine körperlichen Reaktionen intensiver wahr. Auf diese Weise kann sehr viel über den gesunden Reiz-Reaktions-Mechanismus des eigenen Körpers gelernt werden.

Durch Achtsamkeit vertiefen sich die Empfindungen

Die körperlich wahrnehmbare Atembewegung gehört ebenfalls zur Achtsamkeit bei der TouchLife Massage. Je genauer und wachsamer diese Atembewegung gespürt wird

*Nyanaponika, »Geistestraining durch Achtsamkeit«, Verlag Christiani

43

– ohne den Atem dabei bewußt zu beeinflussen oder zu verändern –, um so schneller wird sich tiefe Entspannung einstellen, die wiederum die Wirkung der Massage unterstützt.

Massage als eine
Achtsamkeitsübung

Die meisten Menschen denken bei Massage nicht an eine Achtsamkeitsübung, sondern an Entspannung und Wohlgefühl. Wohlige Entspannung stellt sich aber um so eher ein, je achtsamer man sich auf die körperlichen Empfindungen während der Massage einläßt. Die Massagestunde ist eine wunderbare Gelegenheit, diese innere Sammlung zu erreichen, denn sie verschafft einem Zeit und Ruhe. Wer versteht, Massage als Achtsamkeitsübung anzuwenden, kann sie zu einer Meditation machen.

Die Beschäftigung mit vielen traditionellen Meditationstechniken brachte uns zu dem Ergebnis, daß bei allen Techniken die genaue Betrachtung eines geistigen oder körperlichen Vorgangs zur angestrebten Erkenntnis führt. Genau dies geschieht auch während einer Massage, die wachsam und mit offenem Herzen empfangen und gegeben wird. Meditation bedeutet, in die Mitte zu gehen, den Geist auf einen Punkt zu richten und im Hier und Jetzt das eigene Wesen durch Beobachtung zu erfassen und darüber hinauszugehen. Zusätzlich ist diese Form der Meditation mit Entspannung und Verwöhntwerden verbunden.

4. Massage von Kopf bis Fuß: Die richtige Vorbereitung

Vor einer Massage ist es wichtig, eine Reihe praktischer Vorbereitungen zu treffen. Der äußere Rahmen ist für die Massage ebenso wichtig wie die innere Bereitschaft, sich auf den Massagepartner einzulassen. Diese Vorbereitung drückt Respekt und Sorgfalt aus, ermöglicht einen reibungslosen Ablauf und wird die Freude, die beide Beteiligten bei der Massage empfinden, noch vergrößern.

Der optimale Platz für die Massage

Das Zimmer, in dem Sie massieren, sollte vor Zugluft geschützt sein. Damit sich der Massagepartner wohlfühlen kann und nicht auskühlt, sollte der Raum mit ca. 23 °C leicht »überheizt« sein. Wenn Sie keinen Massagetisch besitzen, benötigen Sie auf dem Boden eine ebene Fläche von 2x3 Metern. Die reine Liegefläche sollte etwa 80 cm breit und 2 Meter lang sein. Als Massierender sollten Sie sich von allen Seiten ungehindert um den Partner herumbewegen können. Je nachdem, an welcher Stelle Sie massieren, werden Sie mal seitlich neben dem Körper, am Kopfende oder an den Füßen sitzen.

Die Massageunterlage besteht idealerweise aus ca. 6 cm dickem Schaumstoffpolster. Der Körper kann darin weich einsinken, ohne durchzuhängen, und wird dennoch gut unterstützt. Alternativ können Sie Isomatten oder aufeinandergelegte Decken als Unterlage verwenden, auch eine Luftmatratze kann als Massagefläche dienen. Wenn Sie einen stabilen Tisch besitzen, können Sie mit Decken und Matten einen Massagetisch improvisieren. Die Unterlage sollte nicht zu weich sein, da ansonsten in der Bauchlage ein Hohlkreuz entsteht, das durch den Druck der Hände, z.B. bei der Rückenmassage, noch verstärkt werden würde. Deshalb eignen sich Betten nicht als Massageplätze, zumal man um die meisten Betten nicht herumgehen kann. In Verbindung mit den federnden Lattenrosten bieten sie dem liegenden Körper für die Massage zu wenig stabilen Halt, vor allem, da der Massierende auf den Seitenrändern sitzen oder knien muß.

Bei der Massage decken Sie immer nur einen Teil des Körpers auf

Die Unterlage bedecken Sie mit einem einfachen Bettlaken oder einem großen Handtuch. Darauf legt sich Ihr Massagepartner. Sie benötigen ein zweites Laken bzw. Handtuch, um den Partner zuzudecken. Bei der Massage decken Sie immer nur den Teil des Körpers auf, den Sie massieren möchten. Alle anderen Partien bleiben warm eingehüllt. Einerseits verliert der Körper auf diese Weise weniger Wärme, zum anderen fühlt sich der Massagepartner meistens besser aufgehoben, wenn er teilweise zugedeckt ist. Vollständig entblößt vor einem anderen Menschen zu liegen, mag bei Lebenspartnern noch unproblematisch sein. Im weiteren Freundes- und Familienkreis ist die Scham jedoch meistens größer.

Ein flaches Kissen sorgt in der Rückenlage als kleine Erhöhung unter dem Kopf für Entspannung. Ein letztes wichtiges Hilfsmittel für Ihre erste Massagesitzung ist eine weiche Rolle, zum Beispiel eine zusammengerollte Wolldecke. In der Bauchlage liegt diese Rolle unter den Fußknöcheln, und wenn Ihr Partner auf dem Rücken liegt, schieben Sie die Rolle unter seine Kniegelenke. In beiden Positionen werden die Gelenke der Beine und die Hüftgelenke durch die unterstützende Rolle in eine angenehme Position gebracht.

Wenn Sie eine Massage verschenken möchten, gehört die Vorbereitung – und später auch das Aufräumen – des Massageplatzes dazu!

Öle lassen die Hände besser über die Haut gleiten

Massageöle, Lotionen und ätherische Öle

Damit die Hände bei der Massage gut über den Körper gleiten können, wird die Haut eingefettet. Ohne die Verwendung eines Massageöls bleiben die Hände bei jedem Griff an der Haut haften. Durch das Ziepen und Reißen kann sich kein fließender Rhythmus einstellen.

Verwenden Sie möglichst nur naturreine und schonend gewonnene Öle, denn die Haut »ißt mit«! Als Basisöle eignen sich sehr gut süßes Mandelöl, Macadamianussöl und Jojobaöl. Alle drei sind hautverträglich und enthalten eine Reihe natürlicher Substanzen, die der Hauternährung dienen. Diese Öle fetten ca. 30 Minuten auf der Haut nach, bevor sie vollständig absorbiert werden. Das ist für die Massage ideal.

47

Mandel-, Macadamia- und Jojobaöl können Sie in Reformhäusern, Apotheken und in den meisten Naturkostläden kaufen. Bewahren Sie das Massageöl am besten im Kühlschrank auf; dort bleibt es länger frisch. Denken Sie aber immer rechtzeitig vor der Massage daran, das Öl auf Zimmertemperatur anzuwärmen, denn eine Einreibung mit kühlem Öl macht keine Lust auf eine Massage.

Das Basisöl kann darüber hinaus mit ätherischen Ölen verfeinert werden. Diese Essenzen riechen nicht nur gut, sondern haben auch heilsame Qualitäten.* Es kann Spaß machen, das eigene Lieblingsöl aus einigen ätherischen Zusätzen selbst zusammenzumischen. In Fachgeschäften finden Sie in der Regel neben den ätherischen Essenzen auch eine Auswahl fertiger Massageöl-Mischungen. Wir empfehlen, den Basisölen, die für die Gleitfähigkeit auf der Haut sorgen, nicht mehr als vier ätherische Öle pro Komposition hinzuzufügen.

Was gut riecht, das bekommt Ihnen

Lassen Sie beim Kauf einfach Ihre Nase entscheiden. Was gut riecht, das bekommt Ihnen auch. Wenn Sie Freude an der Massage finden und öfter im Freundes- oder Familienkreis massieren möchten, legen Sie sich eine kleine Auswahl an Massageölen zu. Ihr Massagepartner kann sich dann direkt vor der Massage das Öl aussuchen, das ihm im Moment am besten gefällt.

Lotionen auf Wasserbasis wie Sonnencremes und Körpermilch können Sie ebenfalls verwenden. Der Nachteil ist, daß man alle fünf Minuten zur Flasche greifen muß, um den Fettfilm auf der Haut zu erneuern. Diese Mittel sind so

* Ingrid Dierssen, »Düfte helfen heilen. Handbuch der Aromatherapie«, Hallwag

zusammengesetzt, daß man bereits kurz nach dem Eincremen die Kleider überziehen kann. Wegen der schnellen Aufnahme durch die Haut sind Lotionen für eine ausführliche Massage nur bedingt geeignet.

Musik während der Massage

Leise Hintergrundmusik vertieft die Entspannung. Sie sollte aber bewußt eingesetzt werden und nicht unbedingt während der gesamten Massage laufen. Schöner ist es, wenn in den ersten 15 Minuten keine Musik spielt, damit sich die Begegnung zwischen beiden Menschen ohne Ablenkung entwickeln kann.

Musikstücke mit Gesang eignen sich nicht zur Entspannung, ebensowenig betont rhythmische Musik, die zu körperlichen Bewegungen anregt. Ein Radioprogramm ist selbstverständlich kein angemessener musikalischer Hintergrund für eine konzentrierte und liebevolle Massagearbeit. Musik, die mit Naturgeräuschen unterlegt ist, sowie einige klassische Stücke eignen sich gut. Bei den »Musikempfehlungen« auf Seite 122 haben wir einige Titel aufgelistet, mit denen wir gute Erfahrungen gemacht haben.

Wie lange sollte die Massage dauern?

Als »Laien«-BehandlerIn können Sie die Dauer der Massage selbst bestimmen. Beginnen Sie mit 20 Minuten, und überprüfen Sie am Ende, ob Sie noch mehr Energie gehabt hätten. In diesem Fall steigern Sie am besten im 10-Minuten-Takt die Dauer Ihrer Massagen, bis Sie Ihre persönliche Behandlungsdauer herausgefunden haben. Länger sollten

Massage-Dauer
↓
»Laien«-BehandlerIn
↓
20 Minuten

49

Sie dann nicht massieren, sonst sind Sie bald selbst massagebedürftig.

Die Massagepartner möchten ihre Massage meistens solange wie möglich genießen. Bedenken Sie aber, daß jede Berührung einen Reiz für den Organismus darstellt, auf den er reagiert und den er verarbeiten muß. Die meisten Menschen werden deshalb nach 45 Minuten Massage sehr müde und driften in eine angenehme und gesunde Tiefenentspannung ab. Man könnte sagen, daß sie »berührungssatt« sind.

> **Massage-Dauer**
> ↓
> **»Profi«-BehandlerIn**
> ↓
> **60 Minuten**

MassagetherapeutInnen, die professionell mit der TouchLife Massage arbeiten, rechnen für die eigentliche Massagebehandlung 60 Minuten ein; hinzu kommen 30 Minuten für Vorgespräch, Nachruhe und Feedback. Dieser Zeitrahmen hat sich bewährt, weil der Therapeut einerseits genug Zeit für einen intensiven Ablauf mit interessanten Kombinationsbehandlungsmustern hat und andererseits sich selbst und den Klienten nicht auslaugt.

Wir empfehlen, bereits bei den ersten Übungsmassagen im Vorgespräch miteinander zu vereinbaren, wie lange die Massage heute dauern soll. Die meisten Menschen können sich um so leichter fallenlassen und entspannen, je mehr sie eine Situation bestimmen können. Den Zeitrahmen bewußt festzulegen und einzuhalten, kann beiden Massagepartnern ein Gefühl von Sicherheit geben.

Ein schöner Ausklang für eine TouchLife Massage

Beenden Sie Ihre Massage immer mit einer Ausstreichung zu den Händen, Füßen oder zum Kopf. Danach decken Sie

Ihren Partner zu und legen beide Handflächen für etwa 30 Sekunden flach auf eine Körperstelle, die Sie intuitiv bestimmen. Dieser ruhende Handkontakt ist Ihr »Abschiedsgruß«. Ihre Hände sagen: *Nach Streichen, Kneten und Ausschütteln ziehe ich mich allmählich von Deinem Körper zurück. Bitte bereite Dich darauf vor, bald wieder alleine zu sein.*

Wenn Ihre Massage erfolgreich war, befindet sich Ihr Partner jetzt in einem sehr entspannten, zufriedenen Zustand. Möglicherweise empfindet er sogar eine Art energetisches Strömen und Pulsieren im Körper – dann ist Ihre Massage wirklich gut gelungen. Statt nach einer Massage sofort wieder aufzuspringen und in den Alltag einzutauchen, sollte diese Entspannung in Körper und Geist Ihres Partners noch eine Weile nachwirken. Sie können dann leise den Raum verlassen, um sich selbst zu erfrischen, das Öl von den Händen zu waschen und ein Glas Wasser zu trinken. Gönnen Sie Ihrem Partner nach der intensiven Nähe eine Nachruhe. Warten Sie, bis er wieder munter ist, vom Massageplatz aufsteht und zu Ihnen kommt.

Bieten Sie ihm Wasser oder eine Tasse Tee an. Eine Massagebehandlung kann Stoffwechselschlacken aus den Muskelzellen lösen, die über Nieren und Blase ausgeschieden werden. Häufig muß der Massagepartner im Anschluß an eine Massage auf die Toilette. Der Urin ist dann oftmals stark gefärbt, was auf die entgiftende Wirkung der Massage hinweist. Dieser positive Reinigungsprozeß wird durch die Wasseraufnahme unmittelbar nach der Massage unterstützt.

Nach der Massage: Wasser trinken – beide!

Lassen Sie Ihren Partner erzählen, was er während der Massage gespürt und erlebt hat, welche Gedanken ihm durch den Kopf gegangen sind und ob es ihm gelungen ist, loszulassen und sich zu entspannen. Möglicherweise hat er Vorschläge, wie Sie einige Massagegriffe verbessern können.

Eine wirksame Massage macht oftmals müde

Es ist nicht ungewöhnlich, wenn die Behandelten in den ersten ein bis zwei Stunden nach einer wirksamen Massage sehr müde werden. Der Körper verarbeitet dann immer noch die Reize, die er durch die Berührungen erhalten hat.

Manche Menschen übergehen in ihrem Alltag jene Signale, die ihnen sagen, wann es Zeit für eine Pause und Kraftschöpfen ist. Diese Menschen erhalten durch eine gute Massage endlich Gelegenheit zum Abschalten und spüren nach der Massage erst richtig, wie erschöpft sie eigentlich waren. Manchmal genügt eine einzelne Massagestunde nicht, um neue Energien zu tanken, aber in 95% der Fälle fühlen sich die Behandelten etwas später am Tage wieder putzmunter und energiegeladen.

Tips von den Profis

In unserer Praxis ist es üblich, daß die Klienten ihre Unterwäsche anbehalten, und die meisten professionellen MassagetherapeutInnen gehen ebenso vor. Bei allen therapeutischen Behandlungen wird eine Handbreit Abstand vom Intimbereich eingehalten. Wenn Sie Ihrem Lebensgefährten eine Massage schenken, klären Sie untereinander, wie sie mit der Nähe und Intimität während der Massage umgehen (siehe auch Kapitel 2: Partnermassage).

Andere Menschen, die Sie massieren, schenken Ihnen ihr Vertrauen und geben ihre körperliche Distanz auf. Diese spezielle Art der Nähe ist keine Einladung, Intimitäten auszutauschen! Versuchen Sie nicht, aus der liebevollen, respektvollen Berührung eine erotische, verführende Situation zu machen. Bleiben Sie bitte mit Ihrer Aufmerksamkeit bei dem, was Sie miteinander vereinbart haben, auch wenn sich während der Massage beim Behandler oder dem Behandelten erotische Phantasien entwickeln sollten.

Wenn Sie am Boden massieren, achten Sie darauf, daß Sie ebenfalls auf einer Decke, Matte oder einem dicken Sitzkissen abwechselnd knien und sitzen können. Ihre Gelenke sollten nicht auf den harten Boden drücken. Für manche Griffe müssen Sie sich von Ihrem Schwerpunkt fort nach vorne beugen. Achten Sie darauf, zum Ausgleich immer wieder für kurze Momente in aufrechter Haltung zu sitzen, während Sie zum Beispiel einen ruhenden Haltegriff anwenden.

Achten Sie bei der Massage auf Ihre eigene Haltung

Wechseln Sie öfter Ihre Sitzposition, und rutschen Sie dicht an die Massagepartien heran, so daß sich keine einseitige Belastung oder eingeschlafene Glieder entwickeln können. Halten Sie jedoch zu jeder Zeit soviel Abstand, daß Sie den Körper des Partners nur mit den Händen berühren.

An einem Massagetisch nehmen Sie bei der Behandlung möglichst eine Schrittstellung ein. Ihren Schwerpunkt können Sie somit von den Beinen vor- und zurückverlagern. Bewegen Sie sich bei der Massage immer mit kleinen Schritten mit. Sie arbeiten so mit dem gesamten Gewicht Ihres Körpers, statt nur mit der Kraft aus den Schultern

53

und Armen, und Sie fühlen sich dabei ausgeglichener. Für die Gesichts-, Nacken- und Fußmassage am Tisch ist es sinnvoll, sich mit aufrechter Wirbelsäule auf einen Stuhl zu setzen und beide Fußsohlen fest auf die Erde zu stellen.

Der Behandler sollte ebenso wie der Behandelte seinen eigenen Atem spüren, immer wieder tief durchatmen, beim Ausatmen loslassen und nicht verbissen arbeiten. Wenn Sie während der Massage müde werden, suchen Sie nach inspirierenden oder kraftschöpfenden Gedanken. Sobald Sie nicht mehr massieren können, machen Sie einen Abschlußgriff und beenden die Sitzung, anstatt sich völlig »auszupowern«. Ihre Massagen gelingen Ihnen am besten, wenn Sie mit Leichtigkeit und Freude arbeiten.

Je häufiger Sie massieren, desto mehr Freude werden Sie dabei haben

Setzen Sie sich nicht selbst unter Druck. Sie können nach diesem Buch grundlegende Massagegriffe lernen, aber da Sie alleine massieren und nicht die Unterstützung eines Lehrers und einer Lerngruppe haben, wird Ihnen mancher Bewegungsablauf zunächst kompliziert erscheinen. Alle Anfänger sind manchmal ungeschickt, unsicher und machen »Fehler«. Das ist ganz normal. Lassen Sie sich nicht entmutigen, wenn Ihre Massagepartner einmal nicht zufrieden sind. Ergreifen Sie die Chance, aus der Kritik zu lernen und den Griff beim nächsten Mal eleganter auszuführen. Mit jeder Massage, die Sie geben, gewinnen Sie ein wenig mehr Sicherheit, bis Ihre Hände irgendwann wie von selbst zu den richtigen Stellen gleiten werden. Je häufiger Sie massieren, desto mehr Freude werden Sie dabei haben – und Ihre Partner ebenso.

5. TouchLife Massage für Kopf, Nacken und Gesicht

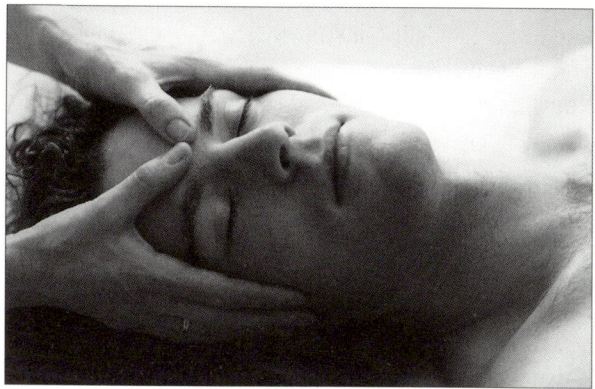

Die Kopf-, Nacken- und Gesichtsmassage ist ein sehr entspannendes und schönes Erlebnis. Eine Tiefenentspannung, verbunden mit Bildern und Tagträumen, kann sich einstellen, da sich u. a. das energetische Stirnzentrum entspannt und Inspirationen aus tieferen Seinsschichten aufsteigen.

Das Loslassen fängt auf der physischen Ebene an

Der Kopf wird von vielen Menschen mit dem »Ich« gleichgesetzt. Jede Berührung wird daher intensiv und im wahrsten Sinne des Wortes »haut-nah« empfunden. Wer seinen Kopf in die Hände eines anderen Menschen legt, der vertraut ihm sein Selbst an. Das Gewicht des Kopfes abzugeben, ist eine Übung im Loslassen. Das Loslassen fängt auf der physischen Ebene an und setzt sich dann auf der geistigen Ebene fort. Der Streß weicht von allein, und positive Gedanken können entstehen.

Eine Massage von Kopf und Gesicht erfordert vom Massierenden viel Einfühlungsvermögen, Achtsamkeit und die Bereitschaft, dem Behandelten einen schützenden Raum zu geben. Das schafft die Basis für Vertrauen, ohne das sich niemand entspannen kann.

Bevor Sie die Massage beginnen, achten Sie bitte darauf, daß Ihre Hände sauber sind und nicht riechen. Im Kopf- und Gesichtsbereich reagiert der Behandelte mit Nase, Mund, Augen und Ohren sehr schnell auf alle Sinnesein- drücke.

Achten Sie auf eine gute Qualität der Pflegemittel

Statt des Massageöls können Sie eine Gesichtscreme oder Lotion nehmen, die Ihr Partner auch sonst gerne verwen- det. Achten Sie auf eine gute Qualität der Pflegemittel. Durch die Massage wird die Haut angeregt, besser durch- blutet und daher aufnahmefähiger für kosmetische Pro- dukte.

Wann ist eine Kopfmassage wohltuend?

Bei Prüfungsstreß, Anspannung, verspanntem Nacken und Gesichtsmuskeln, Überflutung von starken Sinnesreizen (z.B. Lärm, lange Arbeit am Computer) und anderen Bela- stungen schafft eine Kopfmassage einen wunderbaren Ausgleich.

Eine Kopfmassage kann bei Spannungs- oder Streßkopf- schmerzen durchgeführt werden, sie sollte aber abgebro- chen werden, wenn der Schmerz sich verstärkt. Bei Kopf- schmerzen, die nervlicher oder organischer Ursache sind, raten wir von einer Massage im Kopfbereich ab. Weitere Gegenanzeigen sind: Fieber, grippale Infekte, Bandschei- benvorfall im Halswirbelbereich (weitere Informationen zu Gegenanzeigen siehe Seite 31).

❖ Wie ist es für dich, deinen Kopf meinen Händen anzuvertrauen?

❖ Falls es dir schwerfällt, woran könnte das liegen?

❖ Wofür könnte es gut sein, den Kopf festzuhalten?

❖ Was bedeutet es für dich, deinen Kopf loszulassen?

❖ Welche Themen würdest du dem Kopfbereich zuordnen?

❖ Wie empfindet dein Nacken das Gewicht deines Kopfes?

❖ Ist deine Nackenpartie aufrecht im Tragen oder neigt sie sich in eine Richtung? Eher nach hinten oder nach vorne?

Vorgespräch mit dem Massagepartner

In Kombination mit einer Gesichtspackung ist eine anschließende Gesichtsmassage ein angenehmes Lifting für schönes und entspanntes Aussehen.

Ihnen fallen gewiß noch weitere Situationen ein, in denen eine Kopf- und Gesichtsmassage wohltuend sein könnte.

Vertrauen aufbauen an Kopf und Nacken

Grundsätzlich ist es wichtig, im Kopfbereich langsam zu massieren und nicht mehr als vier Wiederholungen pro Griff durchzuführen, da der Behandelte sonst irritiert sein kann.

Haltegriff:
Den Kopf zwischen
den Händen halten
(Abb. 1)

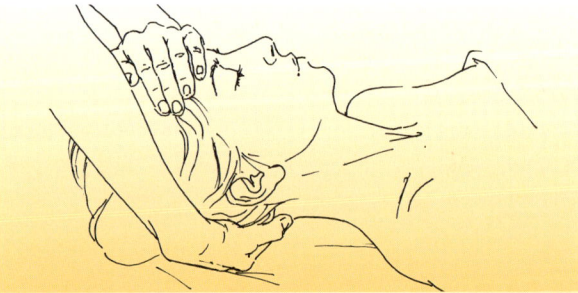

Heben Sie den Kopf Ihres Partners ein paar Zentimeter an, und schmiegen Sie von unten eine Hand an den Kopf. Die andere Hand legen Sie auf die Stirn. Dieses Gehaltenwerden darf Ihr Partner etwa eine Minute lang ruhig genießen.

Den Kopf abgeben

Heben Sie den Kopf langsam etwa drei Zentimeter an, und balancieren Sie ihn behutsam von einer Seite zur anderen. Achten Sie darauf, daß er nicht »wegrollt«, sondern auch in der Seitenlage sicher von Ihren Händen gehalten wird.

Energie nach
oben ausstreichen
(Abb. 2)

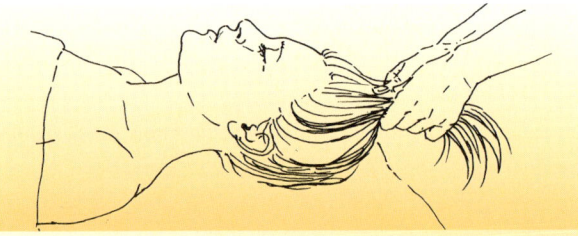

Ziehen Sie von dem Haltegriff (Abb. 1) die Hände zu sich, dadurch streichen Sie den Kopf und die Haare in Richtung Schädelmitte aus. Ziehen Sie ein wenig an den Haaren, so daß die Kopfhaut etwa zwei Millimeter vom Schädel hochgezogen wird.

Geben Sie etwas Massageöl auf Ihre Hände. Greifen Sie in die Schultermuskulatur, streichen Sie von dort parallel den Nacken nach oben aus und gleiten Sie über die Haare (Abb. 2) hinaus. Dieser Griff entstaut und löst Spannungen im gesamten Oberkörper. Setzen Sie mehrmals an, und wiederholen Sie diese Ausstreichung.

Schulter, Nacken und Kopf ausstreichen

Schulter dehnen (Abb. 3)

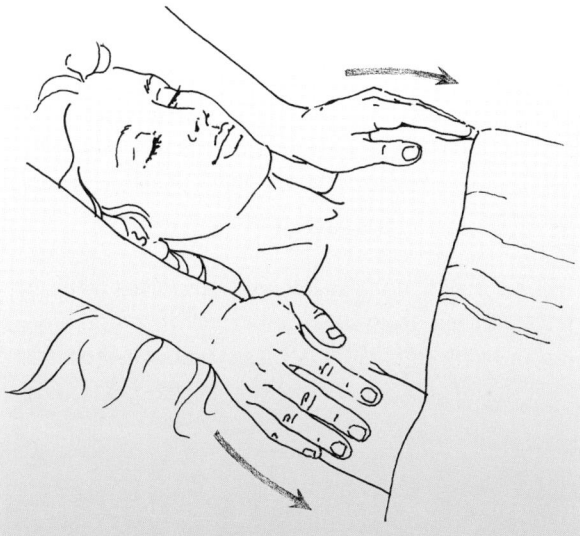

Stützen Sie sich mit den Handinnenflächen von oben auf die Schultergelenke Ihres Partners. Verlagern Sie Ihr Gewicht langsam in diesen Griff, und dehnen Sie den Schultergürtel in Richtung Unterlage. Fragen Sie Ihren Partner, wieviel Druck ihm angenehm ist. Sie werden überrascht sein, wie stark Sie sich auflehnen können, ohne daß die Dehnung als schmerzhaft empfunden wird. Im Anschluß an diese Dehnung wiederholen Sie das Ausstreichen von Schulter, Nacken und Kopf.

59

TouchLife Massage für das Gesicht: Ruhe schenken

Haltegriff:
Gesicht bedecken
(Abb. 4)

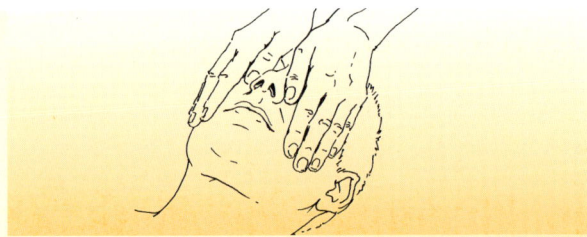

Verteilen Sie etwas Lotion oder drei Tropfen Massageöl in Ihren Händen, und lassen Sie langsam beide Hände auf dem Gesicht nieder. Ihre Hände liegen mit sanftem Druck auf. Achten Sie darauf, Augen und Nase freizulassen. Geben Sie Ihrem Partner eine Minute Zeit, so daß er sich an Ihre Hände gewöhnen kann. Atmen Sie dabei selbst ruhig und entspannt weiter.

Stirn mit den Daumen
ausstreichen
(Abb. 5)

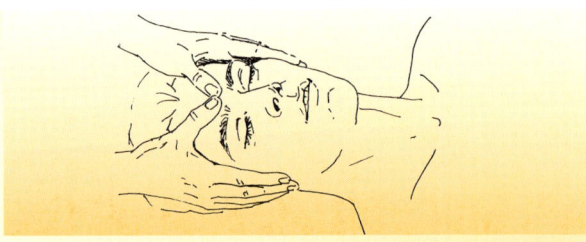

Setzen Sie beide Daumen in der Mitte der Stirn nebeneinander auf, so daß die Daumenspitzen an der Nasenwurzel zusammentreffen. Die übrigen Finger berühren dabei leicht den seitlichen Schädel. Von dort aus streichen Sie mit beiden Daumenflächen gleichzeitig mit mittlerem Druck die Stirn zu den Schläfen aus. Dabei straffen Sie automatisch die Gesichtshaut. Wiederholen Sie diesen Griff langsam viermal.

An den Schläfen massieren Sie am besten mit der Fläche der drei mittleren Fingerkuppen. Malen Sie behutsam Kreise auf den Schläfen. Fragen Sie Ihren Partner, welche Richtung sich besser anfühlt.

Auf den Schläfen mit den Fingerspitzen kreisen

Ziehen Sie von der Nasenwurzel mit beiden Zeigefingern oder Daumen auf den Augenbrauen eine Linie. Am Ende der Augenbrauen angekommen, lösen Sie den Kontakt, führen die Finger durch die Luft zum Ausgangspunkt zurück und wiederholen diese Linie viermal.

Augenbrauen nachzeichnen

Gesichtshaut straffen (Abb. 6)

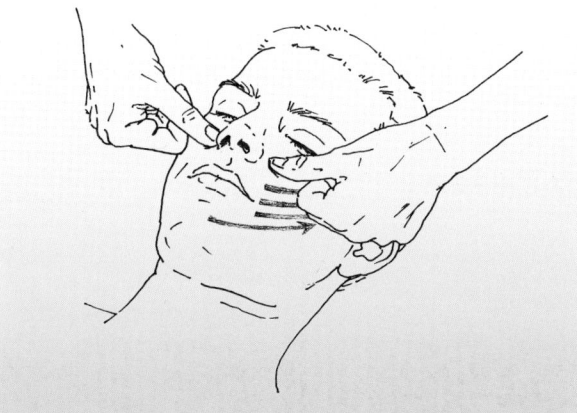

Setzen Sie beide Daumenflächen seitlich der Nasenwurzel und unterhalb der Augen auf. Streichen Sie gleichzeitig in Richtung Schläfenregion. Dort lösen Sie den Kontakt, führen die Finger ohne Berührung zum Ausgangspunkt zurück und setzen nun aber einen Fingerbreit tiefer an. Wiederholen Sie auf diese Weise die Bewegung, und massieren Sie die ganze Gesichtsfläche bis zum Kinn hinunter. Wenn Sie möchten, können Sie dieses straffende und belebende Ausstreichen zweimal durchführen.

61

Kaumuskulatur und
Backen bewegen
(Abb. 7)

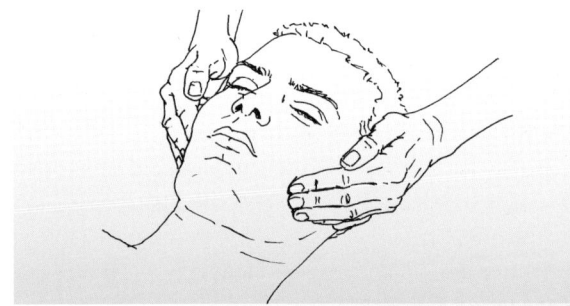

Legen Sie ihre Hände seitlich auf das Gesicht Ihres Partners, und lassen Sie ihn zubeißen. Sie spüren die Stelle, an der sich die Kaumuskulatur unter Ihren Fingern hervorhebt. Legen Sie die Fingerkuppen der drei Mittelfinger auf diese Stelle, und beginnen Sie zu kreisen. Die Gesichtshaut darf sich mitbewegen. An diesem Punkt können Sie ruhig etwas fester massieren, die Kiefermuskeln sind sehr kräftig.

Stille schenken – die
Ohren bedecken

Legen Sie Ihre Handinnenflächen seitlich auf die Ohren. Decken Sie sie mit leichtem Druck ganz ab, so daß kein Geräusch mehr eindringen kann. Halten Sie auf diese Weise den Kopf Ihres Partners bis zu zwei Minuten still; dieser Haltegriff wirkt sehr entspannend.

Sensible Zonen,
die bei der Massage zu
beachten sind:

Schläfen	Dort nicht fest drücken, sondern sanft kreisen
Augen	Beim Ausstreichen nicht die Augenlider berühren; Kontaktlinsen besser vorher herausnehmen lassen
Lippen	Nicht beim Ausstreichen berühren
Kiefergelenk	Den Punkt unterhalb des Ohrläppchens nicht akupressieren
Ohren	Nicht in das Innenohr hineinmassieren

Selbstmassage von Kopf und Gesicht: Schönheit erschaffen

Die Massagegriffe für die Selbstbehandlung sind den Griffen der Partnermassage ähnlich. Mit dieser Selbstmassage können Sie Ihr Aussehen erfrischen, die Haut glätten, die Durchblutung der Gesichtshaut anregen und die Gesichtsmuskeln entspannen. Sie verleihen Ihrem Gesicht dadurch eine lebendige Schönheit.

Diese kleine Massagesequenz dauert ca. 10 Minuten. Führen Sie sie morgens oder abends aus, und verbinden Sie diese Massage mit der täglichen Gesichtspflege. Nach der Reinigung können Sie z.B. eine Gesichtscreme in Ihre Haut mit den beschriebenen Griffen einmassieren. Der Zeitaufwand ist relativ gering und kann in jeder Position ausgeführt werden: liegend, stehend, sitzend oder gehend. Sie werden sich erfrischt fühlen und nach regelmäßiger Anwendung bemerken, daß Ihr Gesicht strahlender aussieht, was Sie auch innerlich spüren können.

Sie können vor der Behandlung eine Gesichtsmaske auflegen

Wenn Sie Zeit haben, legen Sie vor der Behandlung eine Gesichtsmaske auf. Nach dem Entfernen der Maske können Sie mit der Selbstmassage beginnen. 10 bis 20 Minuten tägliche Schönheitspflege für Ihr Gesicht sind ein kleiner Luxus, den Sie sich gönnen sollten! Die Entdeckung und Erhaltung Ihrer Schönheit wird Ihnen viel Freude bereiten.

Massagegriffe für die Selbstmassage

Energie anregen

Reiben Sie beide Handflächen dynamisch aneinander, bis sie spürbar warm werden.

Gesicht bedecken
(Abb. 8)

Legen Sie die Handflächen auf Ihr Gesicht. Atmen Sie die Wärme ein, und genießen Sie die wohlige Dunkelheit.

Energie ausstreichen
(Abb. 9)

Streichen Sie aus dieser Position (Abb. 8) Ihre Gesichtshaut zur Seite und nach oben aus. Gleiten Sie mit den Händen über den Kopf bis zu den Haarspitzen.

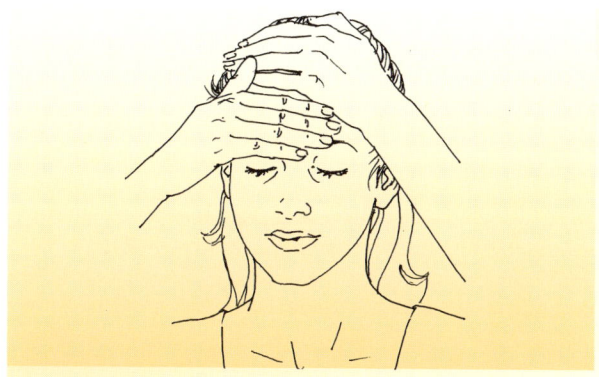

**Stirn glatt streichen
(Abb. 10)**

Streichen Sie Ihre Stirn mehrmals von der Mitte nach oben hin aus, die Hände wechseln sich dabei ab.

Klopfen Sie mit den Fingerspitzen über das ganze Gesicht. Achten Sie darauf, jede Stelle wenigstens einmal zu berühren. Dabei regen Sie die Durchblutung an und aktivieren viele Akupressurpunkte.

Wachklopfen

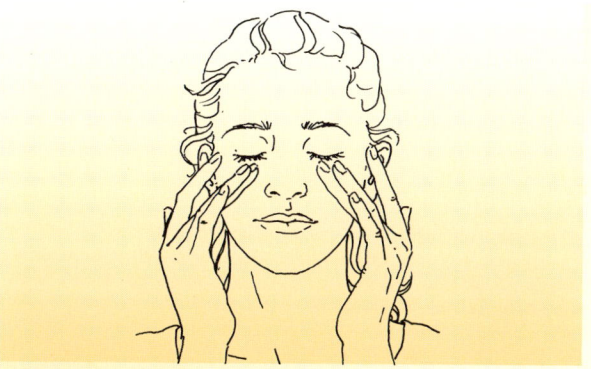

**Die Augen erfrischen
(Abb. 11)**

Umrunden Sie die Augen mit den Fingerspitzen der Zeigefinger. Unterhalb der Augen streichen Sie dabei über den Gesichtsknochen, den Sie deutlich tasten können.

Dem Doppelkinn
vorbeugen
(Abb. 12)

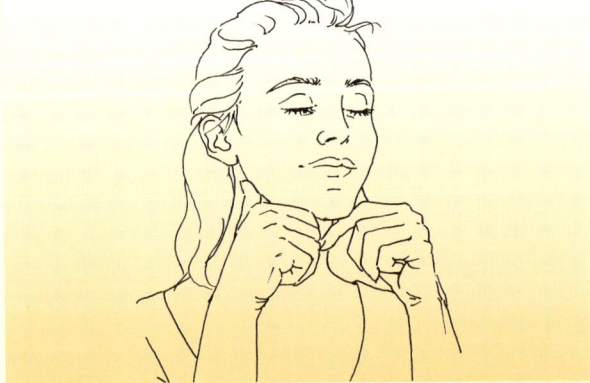

Setzen Sie die Daumenflächen unterhalb des Kinns auf, und streichen Sie von dort über den Unterkieferknochen bis zum Ohrläppchen. Wiederholen Sie diese Linie mehrmals.

Lifting für Körper und Geist: Gesicht und Selbstbewußtsein

Unser Inneres spiegelt sich oftmals sehr deutlich in unserem Gesicht wider. Wir können unser Innenleben aber bewußt oder unbewußt hinter einer Fassade oder einem Make-up verbergen. Das Tragen einer »Maske« kann durchaus positiv gesehen werden, da sie uns Schutz gewährt und somit einen wichtigen Zweck erfüllt.

In historischen Zeiten und in einigen Ländern trugen und tragen Frauen Hüte mit Schleier. Dieser Schleier ist bei Beerdigungen schwarz und bietet der Witwe Schutz vor Blicken. Arabische Frauen tragen Schleier, und einige von ihnen werden diesen Schleier durchaus als positiv empfinden. Für diejenigen, die keinen Schleier tragen möch-

ten, kann diese Verhüllung jedoch eine Art Gefängnis bedeuten.

Ähnlich verhält es sich auch mit unseren unbewußt erschaffenen Gesichtsmasken. In einer Situation, in der wir uns schutzlos fühlen, erstarrt unsere Gesichtsmuskulatur zu einer Maske. Wenn die bedrohliche Situation vorbei ist, behalten wir aufgrund einer unbewußten Furcht einen Teil dieser Maske bei. Vielleicht steckt folgende Überlegung dahinter: *»Man kann ja nie wissen, wann es mich wieder trifft – vorgesorgt ist sicher. Bloß nicht wieder verletzt werden«*. Ein Beispiel:

Ein kleiner Junge hat sich verletzt und weint, weil er Schmerzen empfindet. Weinen ist ein ganz natürlicher Ausdruck, und der Junge denkt sich nichts dabei. Er läuft weinend zu seinem Vater, sucht Schutz und Hilfe. Der Vater sieht den Jungen und sagt: *»Was machst du denn für ein unmögliches Gesicht. Mußt du immer gleich heulen? Guck dich doch nur mal im Spiegel an. Reiß' dich gefälligst zusammen.«*

Das ist wie ein Schlag ins Gesicht, und der Junge schämt sich seines natürlichen Ausdrucks. Es gefällt seinem Vater nicht, wie er aussieht. Erst wenn er sich zusammenreißt, bekommt er die Anerkennung seines Vaters. Der Vater sagt ihm, er solle sich im Spiegel ansehen. Was sieht der Junge im Spiegel? Ein verheultes, rotes, aufgedunsenes Gesicht. Er wird denken, daß der Vater recht hat: *»Ich sehe wirklich scheußlich aus. Das soll mir nicht mehr passieren.«* Die Maske ist geboren und zeichnet sich als Struktur in sein Gesicht.

Ein kleiner Junge

Wenn aus dem Jungen ein Mann wird, tut ihm das Gesicht vielleicht an manchen Stellen weh. Er wird dann sagen, er sei verspannt. Ist er ein guter Beobachter, bemerkt er, daß sich sein Gesicht vor allem in emotionalen Situationen angespannt anfühlt. Diese Beobachtung könnte zu einer bewußten Auseinandersetzung mit seiner Schutzlosigkeit führen.

Manche Verspannungen nimmt man gar nicht mehr wahr: *»So bin ich halt. So sehe ich eben aus.«* Wir haben uns an unsere Maske gewöhnt. Die Verspannung und Erstarrung ist uns oft lieber, als erneut eine vermeintlich bedrohliche Situation zu erleben.

Schenken Sie Ihrem Gesicht mehr liebevolle Aufmerksamkeit

Eine Chance der Rückbesinnung und Auflösung bietet sich Ihnen jetzt. Wir möchten Sie dazu ermuntern, Ihrem Gesicht in Gedanken, im Gefühl und im Handeln mehr liebevolle Aufmerksamkeit zu schenken. Wir haben einige Fragen zusammengestellt, die Sie anleiten können, ein natürliches Verhältnis zu Ihrem Aussehen und Ihrem Selbstausdruck zu entwickeln.

Nehmen Sie sich Zeit und Raum für diese Themen. Legen Sie einen Schreibblock und einen Stift bereit. Wählen Sie einen bequemen Sitzplatz, und schließen Sie für einige Minuten die Augen. Kehren Sie Ihre Aufmerksamkeit in diesen Minuten nach innen. Entwickeln Sie ein Gespür für Ihren Körper. Nehmen Sie Ihre körperlichen Empfindungen als neutraler Beobachter ohne zu werten wahr. Dann erlauben Sie Ihrer Aufmerksamkeit, zu Ihrem Gesicht zu wandern. Nehmen Sie Anspannung und Entspannung in Ihrem Gesicht wahr. Wenn Sie ein sicheres Gespür für Ihr

Gesicht bekommen haben, können Sie Ihre Augen wieder öffnen und sich den folgenden Fragen widmen.

Lesen Sie eine Frage, und lassen Sie sie in Ihrem Inneren klingen. Horchen Sie auf die in Ihnen aufsteigenden Antworten. Das in sich Hineinhören funktioniert sehr gut mit geschlossenen Augen, da viele Ablenkungen ausgeschaltet werden. Haben Sie eine Antwort erhalten, so notieren Sie sie auf Ihrem Block und gehen weiter zur nächsten Frage. Wenn Ihre Aufmerksamkeit nachläßt, dann beenden Sie die intensive Selbsterforschung und wählen für die weiteren Themen einen anderen Tag.

❖ Kenne ich das Gefühl, daß sich mein Gesicht wie eine Maske anfühlt?

❖ In welchen Situationen empfinde ich mein Gesicht als Maske?

❖ Was sind meine »Lieblings«masken? Was möchte ich meiner Umwelt damit zeigen?

❖ Identifiziere ich mich mit einer meiner Masken besonders? Mit welcher? Wozu dient sie mir?

❖ Kann ich sie wieder ablegen, wenn ich sie nicht mehr brauche?

❖ Verberge ich etwas hinter meiner Maske, das ich gern zeigen würde, was ich mich aber nicht traue?

❖ Wenn ja, was würde ich gerne zeigen? Was hält mich davon ab, es zu zeigen?

Das Gesicht als Maske

❖ Wann empfinde ich ein anderes Gesicht als schön?

❖ Was macht das Schöne aus?

❖ Mag ich mein Gesicht?

❖ Wann mag ich es besonders und wann nicht?

Gesicht: Schönheit und Gutaussehen

Das Gesicht hat viele kleine Muskeln. Sie ermöglichen Mimik und die verschiedenen körperlichen Funktionen, wie zum Beispiel lächeln, sehen, kauen. Häufig spannen wir unsere Gesichtsmuskeln unnötig an. Sie kennen sicher das Gefühl der angespannten Stirn, z.B. wenn Sie nachdenken oder etwas angestrengt beobachten. Diese Spannung halten wir oft stärker und länger als nötig. Es wird wie eine Gewohnheit, und früher oder später hinterläßt diese Gewohnheit eine bleibende Spur im Gesicht.

Entspanntes Gesicht – angespanntes Gesicht

❖ In welchen Teilen meines Gesichts halte ich mehr Spannung als nötig?
❖ Wie fühlt sich diese Spannung an? Hart, schmerzhaft, taub etc.?
❖ In welchen Situationen spanne ich mein Gesicht besonders an?
❖ Welche Möglichkeiten kenne ich, um mein Gesicht wieder zu entspannen?
❖ Wie trägt die Selbstmassage des Gesichts zur Entspannung bei?

Beantworten Sie sich die folgenden Fragen, nachdem Sie eine Gesichtsmassage empfangen haben.

Gesicht und Berührung

❖ Wie empfinde ich die Berührung eines anderen Menschen in meinem Gesicht?
❖ Was löst diese Berührung aus? Was wird angerührt?
❖ Wann empfinde ich die Berührung in meinem Gesicht als angenehm?
❖ Wann empfinde ich die Berührung als unangenehm?

6. TouchLife Massage für den Rücken

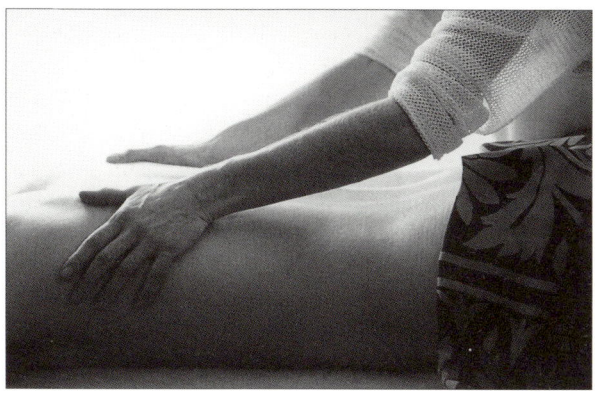

Sehr viele Menschen haben das Gefühl, eine Last auf ihrem Rücken und ihren Schultern zu tragen. Von dieser Last fühlen Sie sich manchmal niedergedrückt und sind verspannt. Eine ständig zusammengezogene Rückenmuskulatur erzeugt ein unangenehmes Engegefühl, das in den Nacken, Kopf und die Arme ausstrahlen kann. Dadurch können Konzentrationsschwierigkeiten entstehen. Manche Kopfschmerzen beginnen mit einem Stau im Nacken. Der Rücken tut weh und sehnt sich nach etwas, für das er sich nicht anstrengen muß. Eine ausgleichende Berührung ist dann genau das Richtige.

Unser Rücken leistet eine Menge für uns und wird stark beansprucht. Die Rückenmuskulatur ermöglicht uns sowohl Aufrichtung als auch Beweglichkeit. Nehmen wir zu häufig eine einseitige Haltung ein, verkrampft die Muskulatur, und wir fühlen einen Verspannungsschmerz. Diesen Verspannungen, die nach längerer Zeit zu Verschleißerscheinungen im Bewegungsapparat führen können, können Sie durch Ausgleichssport, bewußte Körperhaltung und durch TouchLife Massagen vorbeugen. Wir haben für Sie einige

Die Rückenmuskulatur ermöglicht uns sowohl Aufrichtung als auch Beweglichkeit

71

einfache Massagegriffe ausgewählt, mit denen Sie den Rücken Ihres Partners verwöhnen können.

Hat Ihr Massagepartner regelmäßig starke Rückenschmerzen, so sollte er vor der Massage einen Arzt aufsuchen, denn bei einigen Gegenanzeigen kann eine Massage die Rückenschmerzen verschlimmern. Von einer Massage abzuraten ist bei allen entzündlichen Prozessen im gesamten Rückenbereich sowie bei einem akuten Bandscheibenvorfall, akuten Ischiasbeschwerden, einem akuten Hexenschuß sowie bei fortgeschrittener Osteoporose älterer Menschen (weitere Informationen zum Thema Gegenanzeigen finden Sie im Kapitel 2).

Wichtig

Sehr wichtig ist bei der Rückenmassage, die Schmerzgrenze des Partners zu beachten und mit dem Druck nicht über diese Grenze hinauszugehen. Wenn durch eine Massage die Schmerzgrenze überschritten wird, kann es zu Angstreaktionen im Körper kommen. Angstreaktionen äußern sich z.B. durch zusammengebissene Zähne, muskuläre Anspannung im Po, in den Händen und Füßen, durch Schweißausbrüche, plötzliche Kälte und angehaltenen Atem.

Im Vorgespräch können Sie Ihren Partner fragen, wie es seinem Rücken heute geht, welche Zonen besonders spürbar sind und ob es Stellen gibt, die sich überlastet anfühlen und sich nach Berührung sehnen. Sie können ihn auch darauf ansprechen, ob er beide Rückenhälften unterschiedlich empfindet. Wenn ja, was ist unterschiedlich? Stellen Sie nach der Massage diese Frage noch einmal, um herauszufinden, ob sich das Körpergefühl Ihres Partners verändert hat.

Die Last des Rückens ablegen

Die Massagegriffe, die Sie im folgenden kennenlernen,
sind lockernde, entspannende Griffe, die die großen Ober-
flächenmuskeln des Rückens behandeln.

Sie sitzen am Kopf Ihres Partners und lassen behutsam
beide Hände auf den Rücken in Höhe der Schulterblätter
sinken. Wie bei allen ruhenden Handkontakten halten
Sie diese Stellung für ungefähr eine Minute, damit sich
Ihr Partner an Ihre Berührung gewöhnen kann.

Haltegriff:
Beide Schulterblätter
bedecken

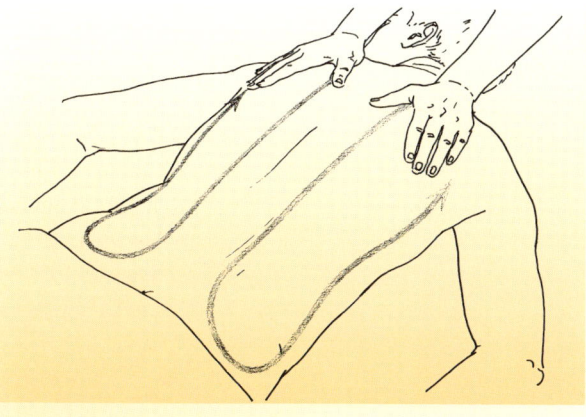

Den Rücken mit
einem großen
Ausstreichen begrüßen
(Abb. 13)

Verteilen Sie mit langsamen Bewegungen etwas Massageöl auf dem Rücken. Setzen Sie dann beide Handflächen
flach auf, wobei die Daumen auf den Rückenstrecker-
muskeln liegen. Diese beiden Muskelstränge liegen
rechts und links neben der Wirbelsäule. Lassen Sie zwischen den Daumen etwa 4 cm Abstand für die Wirbelsäule, die Sie direkt unter der Haut in der Rückenmitte
tasten können. Streichen Sie beidseitig bis zum Po; von
dort kurven Sie seitlich über die Hüftgelenke und ziehen

73

die Hände wieder nach oben. Im Schulterbereich »drehen« Ihre Hände auf den Schultergelenken und landen wieder in der Ausgangsstellung. Wiederholen Sie mit mittlerem Druck und möglichst flüssig diese streichende Auf- und Abwärtsbewegung.

Der Endlosgriff
(Abb. 14)

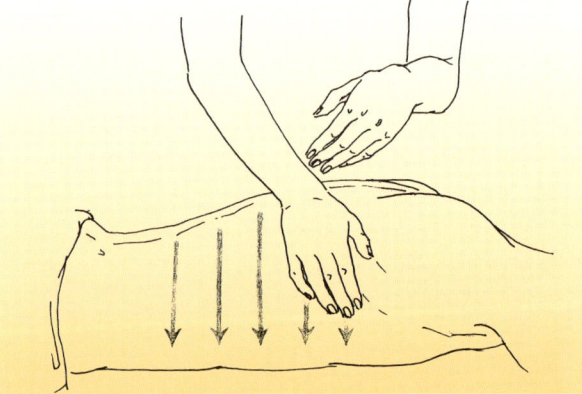

Setzen Sie sich im rechten Winkel zur Seite des Körpers, zu der Ihr Partner sein Gesicht gedreht hat. Beginnen Sie am Po, und streichen Sie auf der Ihnen gegenüberliegenden Seite mit den flachen Handflächen abwechselnd von der Körpermitte zur Seite hin aus. Setzen Sie mit der neuen Hand immer dann an, wenn die andere gerade den Kontakt aufgibt. Dadurch entsteht ein Gefühl, »endlos« massiert zu werden. Wandern Sie langsam die Rückenhälfte hoch und dann wieder hinunter.

74

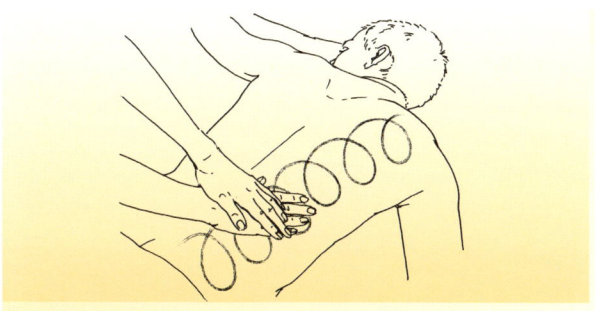

Große Kreise
(Abb. 15)

Am Becken angekommen, setzen Sie Ihre Hände über-
einander flach auf die Ihnen gegenüberliegende Rückenhälfte auf und beginnen, große spiralförmige Kreise zu
malen. An der Schulter angekommen, laufen die Kreise
wieder zum Po zurück. Fragen Sie Ihren Partner, welche
Kreisrichtung für ihn angenehmer ist.

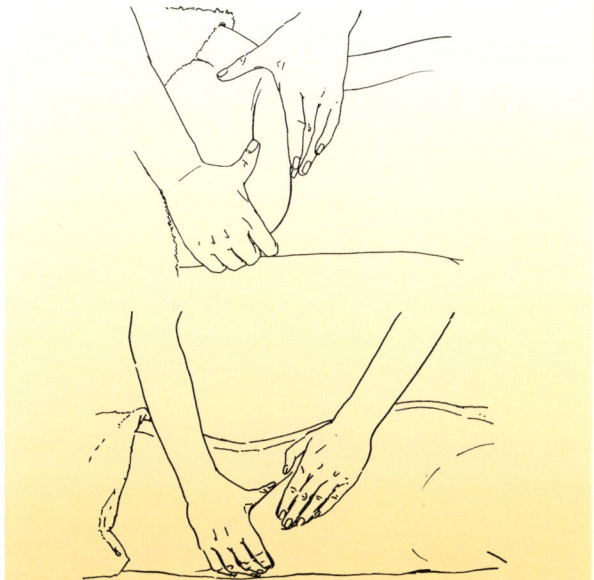

Kneten
(Abb. 16 und 17)

75

Kneten
(Abb. 18)

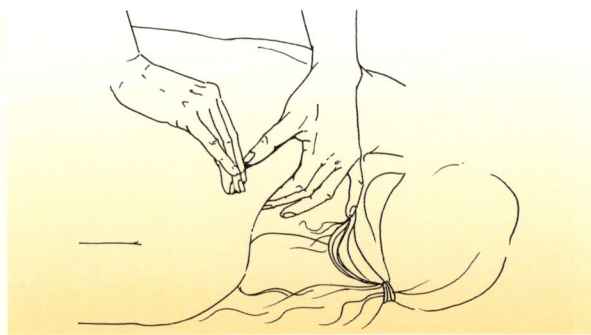

Kneten Sie die Po- und Rückenmuskulatur. Das ist eine ähnliche Bewegung wie beim Teigkneten (Abb. 16 u. 17). Besonders dankbar für eine Knetmassage sind auch die Schultern. Dort sitzen oftmals Verspannungen, die man mit dieser Grifftechnik sehr gut lösen kann (Abb. 18).

Ausstreichen und Beenden der Rückenhälfte

Streichen Sie über Arm und Hand hinaus. Damit beenden Sie gleichzeitig die Massage für diese Rückenhälfte. Setzen Sie sich nun auf die andere Seite. Bitten Sie Ihren Partner, seinen Kopf zu drehen, so daß Sie sein Gesicht weiterhin sehen können.

Wiederholen Sie die Massagegriffe für die zweite Rückenhälfte. Danach setzen Sie sich wieder ans Kopfende und verabschieden sich von dem Rücken, indem Sie das große Ausstreichen (Abb. 13), das beide Rückenhälften wieder zusammenfügt, noch einige Male wiederholen.

Lifting für Körper und Geist: Natürliche Aufrichtung für den Rücken

Wir nehmen die äußere Haltung eines Menschen wahr, wenn wir seinen Körper ansehen. Wie ist die Haltung seines Rückens? Wie geht er? Wie hält er seine Schultern? Seine innere Haltung besteht aus seinen geistigen Strukturen, wie zum Beispiel Ansichten, Weltbilder, Lebenserfahrungen, Gedanken und Gefühle. Die innere und äußere Haltung gehören zusammen und bestimmen die Individualität eines Menschen.

Eine »schlechte« Körperhaltung kann sich durch eine einfühlsame Massage und die Aufmerksamkeit gegenüber der inneren Haltung verändern und verbessern. Nehmen Sie sich die Zeit, einmal in Ihren Rücken hineinzuspüren und herauszufinden, was Ihren Rücken belastet.

Finden Sie heraus, was Ihren Rücken belastet

Setzen Sie sich aufrecht auf einen Stuhl, so daß Sie Ihren Rücken nicht anlehnen. Lassen Sie diese Haltung für einige Minuten auf sich wirken. Nehmen Sie die verschiedenen Zonen Ihres Rückens wahr. Den unteren Rücken (Lendenwirbelsäule), den mittleren Rücken (Brustwirbelsäule) und den oberen Rücken (Schultern, Nacken und Halswirbelsäule). Wahrscheinlich wird sich Ihre Haltung dabei mehrmals neu ausrichten; geben Sie diesem Streben nach Gleichgewicht bitte weich nach.

Wenn Sie Verspannungen wahrnehmen, betrachten Sie sie möglichst neutral, ohne Bewertung. Versuchen Sie nicht, unangenehme Gefühle zu verdrängen. Verdrängte Gefühle belasten Sie unbewußt immer weiter. Probieren Sie eine neue Umgangsweise mit sich selbst aus: Akzeptieren Sie auch jene körperlichen Empfindungen, die störend auf Sie wirken. Sie werden feststellen, wie sich diese Empfindungen durch ein bewußtes Spüren verändern.

77

Möchten Sie herausfinden, was in Ihrem Rücken steckt? Dann fahren Sie mit dieser Einspürübung fort, und nehmen Sie die folgenden Fragen als Inspiration für Ihre Rückenreise.

Aufrichtung und Aufrichtigkeit

❖ An welchen Stellen meines Rückens kann ich Aufrichtung besonders gut spüren?

❖ Wo fühlt sich mein Rücken eher gebeugt an?

❖ Welchen Wert hat Aufrichtigkeit in meinem Leben, im körperlichen und im übertragenen Sinn?

Stärke und Flexibilität

❖ Empfinde ich meinen Rücken als stark? Wenn ja, in welchen Zonen?

❖ Wie flexibel ist mein Rücken? Gibt es in meinem Alltag Situationen, in denen ich mich starr verhalte und lieber flexibler sein würde?

Zwei Hälften

❖ Nehme ich meine beiden Rückenhälften als Einheit oder geteilt wahr?

❖ Empfinde ich die rechte und die linke Rückenhälfte unterschiedlich?

❖ Welche Rückenhälfte würde ich als weiblich und welche als eher männlich bezeichnen?

❖ Welche Eigenschaften kann ich der linken Rückenhälfte zuordnen und welche der rechten?

Vertrauen und Loslassen

❖ Was brauche ich, um in meinem Rücken loslassen zu können?

❖ Was bedeutet Fallenlassen im übertragenen Sinne für mich?

❖ Wie fühlt sich für mich Vertrauen im Rücken an?

Was Rücken mögen: Eine Partnerübung

Was mag der Rücken am liebsten? Eine gesunde Mischung aus Entspannung, Bewegung, Berührung und Kontakt. Die folgende Partnerübung dauert ungefähr eine halbe Stunde. Anstrengung ist eher hinderlich für diese Übung, besser ist eine spielerische Herangehensweise. Je mehr Sie dabei mitgehen, desto eher entsteht ein freier Fluß der Energien in und zwischen Ihren Körpern.

Ihr Partner und Sie stellen sich mit den Rücken zueinander. Halten Sie zu Beginn etwa einen Meter Abstand voneinander. Wenn Sie die Übung mit geschlossenen Augen durchführen, können Sie sie noch optimaler erleben. Vereinbaren Sie mit Ihrem Partner, daß Sie für die Dauer dieser Übung schweigen und sich erst im Anschluß austauschen. Das Schweigen ermöglicht Ihnen, tiefer in die Erfahrung einzusteigen.

Spüren Sie sich in Ihre stehende Position ein, und machen Sie sich bewußt, daß der Rücken Ihres Partners Ihrem Rücken zugewandt ist. Vielleicht können Sie sogar die Präsenz des anderen durch ein Prickeln in Ihrem Rücken wahrnehmen. Nach einigen Minuten bewegen Sie sich ganz langsam aufeinander zu, bis sich Ihre Rücken berühren, wobei manche Stellen wahrscheinlich mehr Kontakt haben als andere. Lassen Sie diesen Kontakt wirken. Dann können Sie auf eine Entdeckungsreise gehen. Erlauben Sie Ihren Rücken Bewegung, lassen Sie diese Bewegungen entstehen, ohne sie vorher zu planen.

Nehmen Sie den anderen Rücken bewußt wahr

Ihr Körper kann sich auf sehr kreative und heilsame Weise bewegen, wenn Sie ihm den Freiraum geben. Ihre

79

Rücken werden sich gegenseitig dazu inspirieren, sich wie Kätzchen aneinanderzuschmiegen oder wie ein Bär zu reiben, der sich sein Fell am Baum kratzt. Manchmal übernimmt Ihr Rücken die Initiative und setzt Impulse, dann wieder ist er eher passiv, und der andere Rücken wird aktiv. Entsteht eine Ruhepause, in der beide Rücken scheinbar bewegungslos verharren, dann lassen Sie diesen Moment der Stille zu.

Die Rücken brauchen Zeit, um sich kennenzulernen

Die Bewegungen können durch Musik unterstützt werden. Bespielen Sie eine Kassette mit Ihrer Lieblingsmusik, und lassen Sie die ersten 5 Minuten der Kassette frei, damit die Rücken Zeit haben, sich kennenzulernen und sich aufeinander einzulassen. Starten Sie die Kassette gleich zu Beginn der Übung. Sobald die Musik einsetzt, wird sie Ihre Bewegung leiten. Lassen Sie die Musik »herein«, und spüren Sie gleichzeitig Ihre Rücken, wie sie sich zur Musik bewegen. Das ist eine spannende und lustvolle Erfahrung.

Wir empfehlen Ihnen, kreativ und experimentierfreudig in der Auswahl Ihrer Musik zu sein. Testen Sie verschiedene Stücke, und tauschen Sie Ihre Eindrücke mit Ihrem Partner aus. Es ist sinnvoll, für den Beginn der Partnerübung eine ruhigere Musik zu wählen, der ein dynamisches Musikstück folgt. Die Musikphase sollte etwa 15 Minuten dauern. Im Anschluß können Sie einen Moment nachspüren und wahrnehmen, wie sich Ihr Rücken anfühlt und was sich verändert hat. Danach lösen Sie langsam den engen Kontakt zu Ihrem Partner auf. Wenn Sie möchten, legen Sie sich für einige Minuten flach auf den Rücken und ruhen nach. Im Anschluß erzählen Sie sich gegenseitig von Ihren Erlebnissen.

7. TouchLife Massage für Beine und Füße

Eine Beinmassage wird von den meisten Menschen als sehr wohltuend und tief entspannend empfunden. Wir hören oft von unseren Klienten, daß sie sich bei keiner Massage so sehr entspannt hätten, wie bei der Beinmassage. Außerhalb der Sportphysiotherapie ist die Massage der Beine jedoch relativ unbekannt.

Wir neigen leider dazu, unsere Beine zu vernachlässigen, obwohl sie viel für uns leisten und uns durchs Leben tragen. Die Beine verdienen Aufmerksamkeit! Ähnlich unbeachtet bleiben die Füße bei den meisten Menschen. Anatomisch gesehen ist der Aufbau des Fußes ein wahres Wunderwerk in seiner Synthese aus Flexibilität – sich dem Untergrund anpassen – und Stabilität – ein Leben lang das ganze Körpergewicht abfedern und übertragen. Um seine Funktion optimal erfüllen zu können, benötigt der Fuß eine strapazierfähige Haut, die sich an den besonders belasteten Stellen zur Hornhaut entwickelt.

An den Füßen gibt es eine Vielzahl von Akupressurpunkten, deren Behandlung eine lokale Entstauung bewirkt.

Auch Beine und Füße verdienen unsere Aufmerksamkeit

81

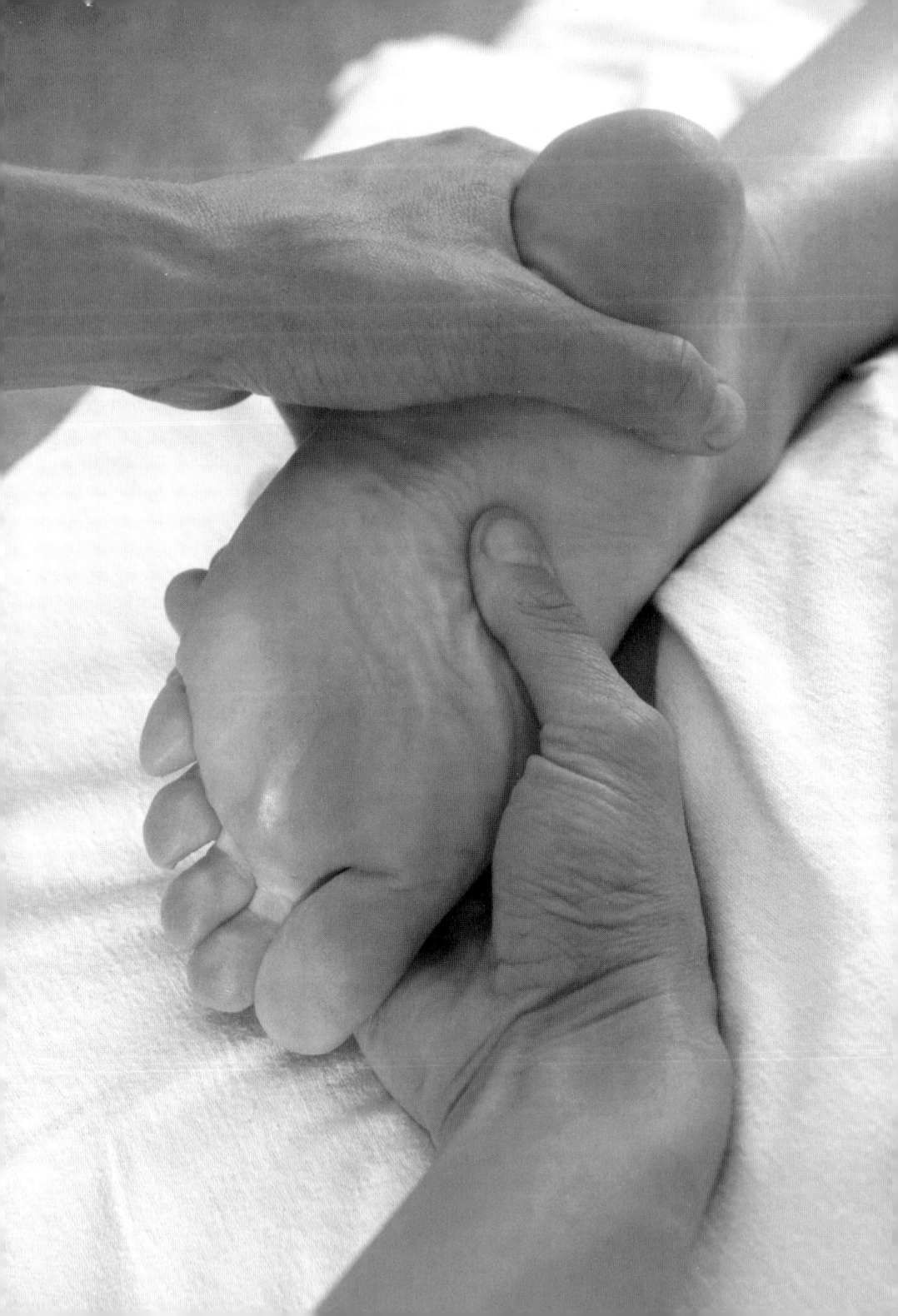

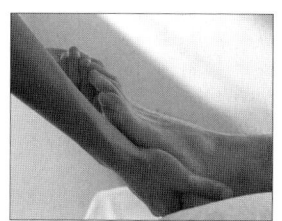

Über Nervenbahnen und Meridiane können diese Punkte auch andere Körperzonen beeinflussen. Das Gleiche gilt für die Reflexzonen, die aus ganzheitlicher Sicht ein Abbild des Großen (Körper), projiziert auf das Kleine (Füße), sind. Wenn Sie eine Fußmassage erhalten, werden Sie feststellen, daß sich die Entspannung nicht nur an den Füßen, sondern auch im Bauch, in der Brust, den Armen bis in den Kopf ausbreitet.

Bei Krampfadern darf keine feste, intensive Beinmassage angewendet werden. Es ist jedoch möglich, die Beine sehr sanft auszustreichen, eine wohltuende Lotion aufzutragen und Haltegriffe anzuwenden, denn auch Beine mit Krampfadern brauchen liebevolle Pflege. Mit Ausnahme des Knetens am Oberschenkel können Sie alle Griffe, die wir Ihnen vorschlagen, sanft einsetzen. Ansonsten gelten auch für diesen Bereich die allgemeinen Gegenanzeigen (siehe Seite 31).

Nach einem Vorgespräch, in dem Sie etwas über die Beziehung Ihres Massagepartners zu seinen Beinen erfahren haben, können Sie zur Massage übergehen. Bei der Beinmassage wird ein Bein nach dem anderen behandelt. Beginnen Sie mit dem Bein, das Ihr Partner wünscht. Wenn Sie das erste Bein massiert haben, fragen Sie Ihren Partner, ob er einen Unterschied zwischen dem massierten und dem nicht massierten Bein feststellt. Lassen Sie sich den Unterschied beschreiben.

Tiefe Entspannung und Wohlgefühl

**Haltegriff
Fuß-Hüftgelenk**

Ihr Partner liegt bequem auf dem Rücken. Legen Sie ihm eine Rolle unter die Knie (z.B. ein gerolltes Handtuch oder eine Decke), damit die Kniegelenke entlastet werden. Setzen Sie sich an eine Seite Ihres Partners, legen Sie eine Hand seitlich über das Hüftgelenk und die andere auf die Fußsohle.

**Großes Ausstreichen
des Beines
(Abb. 19)**

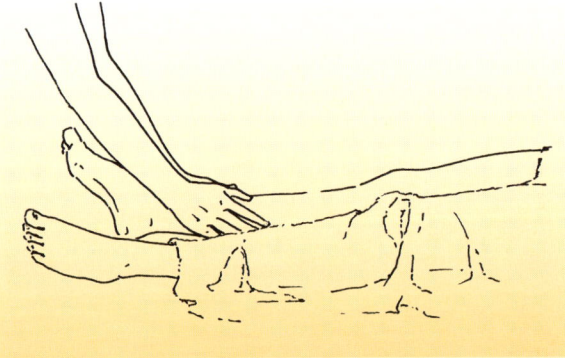

Decken Sie das erste Bein auf, und verteilen Sie darauf das Massageöl. Das andere Bein lassen Sie noch warm zugedeckt. Je behaarter ein Bein ist, um so mehr Öl brauchen Sie. Setzen Sie sich neben den Fuß, und legen Sie beide Hände seitlich in Höhe des Fußknöchels flach auf. Streichen Sie nun mit beiden Händen das Bein Richtung Becken hin aus, und achten Sie darauf, die Hände weich an das Bein anzuschmiegen. Dann streichen Sie das Bein vom Oberschenkel bis über die Zehen nach unten aus. Wiederholen Sie diesen Griff mehrmals.

Das »Muskelkneten« haben Sie bereits bei der Rückenmassage kennengelernt (Abb. 16–18); jetzt können Sie diese Massagetechnik für das Bein einsetzen. Setzen Sie sich parallel zum Oberschenkel, und kneten Sie diesen größten Muskel des Körpers gründlich durch. Das ist sehr erfrischend.

Kneten des Oberschenkels

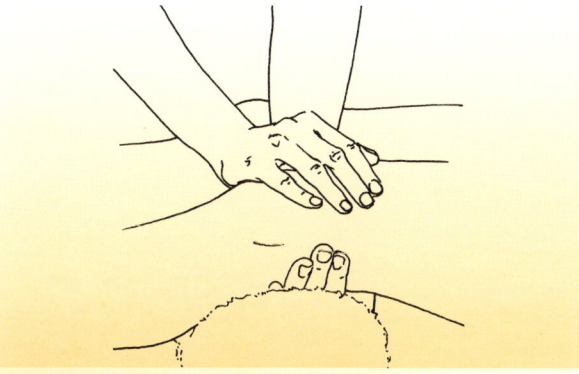

Das Kniegelenk wärmen (Abb. 20)

Umfassen Sie mit beiden Händen das Knie, und wärmen Sie es etwa eine Minute lang zwischen Ihren Händen, ohne Druck auszuüben. Danach streichen Sie aus dieser Position das Bein nach unten über den Fuß aus.

Setzen Sie die Fingerspitzen der drei mittleren Finger jeder Hand auf beide Seiten des Fußgelenks auf. Umkreisen Sie nun die runden Knöchel; machen Sie fünf langsame Kreise in eine Richtung, danach fünf Kreise in die Gegenrichtung.

Fußgelenke entstauen

85

Fuß verwöhnen
(Abb. 21)

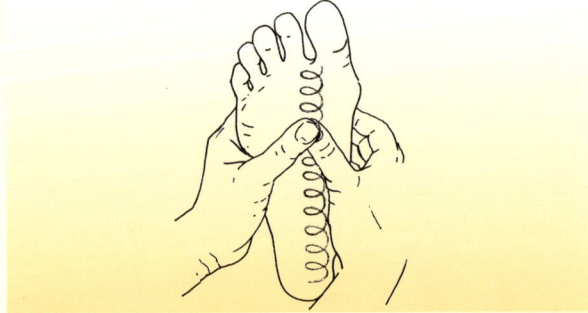

Kneten Sie mit beiden Daumen die Fußsohle durch. Die Daumen kreisen dabei abwechselnd und wandern über die gesamte Fläche. Finden Sie durch Nachfragen heraus, welcher Druck am angenehmsten empfunden wird.

Zehen ausmelken
(Abb. 22)

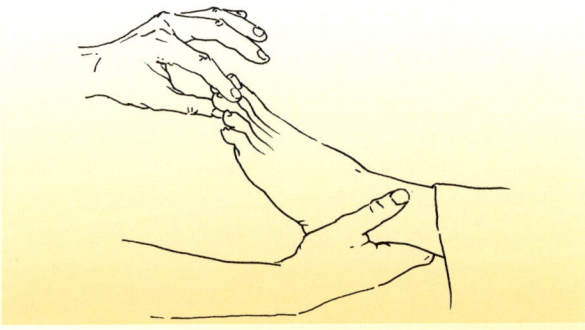

Greifen Sie mit Daumen und Mittelfinger einen Zeh nach dem anderen und melken/ziehen Sie den Zeh vom Zehengrundgelenk zur Spitze hin aus. Zum Abschluß können Sie das große Ausstreichen und den Haltegriff wiederholen. Decken Sie das Bein zu, und wiederholen Sie den Griffablauf bei dem zweiten Bein.

Selbstmassage: Die Beine aufmuntern

Sie können Ihre Beine auch selbst verwöhnen und pfle-
gen. Morgens nach dem Aufstehen oder wenn sich Ihre
Beine müde anfühlen, können Sie die folgenden Griffe
selbst durchführen. Diese Handgriffe lassen sich sowohl
auf der Kleidung als auch unbekleidet anwenden.

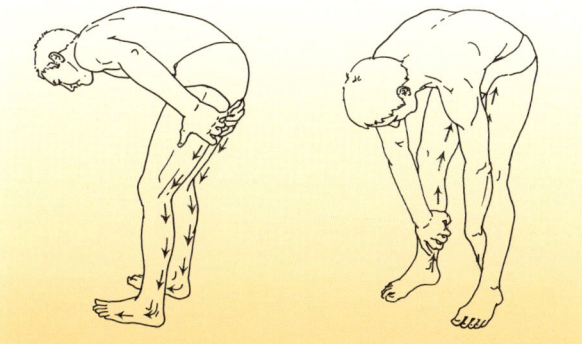

Ausstreichen
(Abb. 23 und 24)

Stellen Sie sich bequem hin, die Füße stehen ungefähr
schulterbreit auseinander. Legen Sie Ihre Handflächen
hinten auf den unteren Rücken. Von dort streichen Sie
mit mittlerem Druck an der Rückseite der Beine bis zu
Ihren Füßen und über die Zehen in die Luft aus. Nun lassen Sie Ihre Hände zu den Innenseiten der Füße gleiten.
Von dort streichen Sie die Innenseiten der Beine hinauf
bis zu Ihren Genitalien. Von dort streichen Sie wieder zu
Ihrem unteren Rücken und dann die Rückseite der Beine
hinunter. Wiederholen Sie diese Abfolge sechs bis zwölf
Mal.

87

Wenn sich Ihre Beine sehr schwer und voll anfühlen, streichen Sie jedesmal über die Zehen in die Luft aus. Sie können sich dabei vorstellen, daß Sie die Schwere aus Ihren Beinen nach unten in die Luft hinausstreichen. Haben Sie eher das Gefühl, Ihre Beine seien leer und kalt, dann zirkulieren Sie ohne abzusetzen: Statt über die Zehen in die Luft auszustreichen, bleiben Sie am Fußende und streichen ohne Unterbrechung des Kontaktes gleich wieder nach oben. Die zweite Variante hält die vorhandene Energie in den Beinen und verteilt sie so, daß sie optimal in Fluß kommt und anregend wirkt. Dadurch entsteht Wärme und ein Gefühl von Vitalität.

Das Ausstreichen der Beine folgt dem natürlichen Energiefluß der Meridiane

Die Richtung dieser Ausstreichungen folgt dem **chinesischen Meridiansystem.** Meridiane sind Energieleitbahnen mit vielen, sogenannten Akupunkten, die genadelt (Akupunktur) oder mit Fingern (Akupressur) gedrückt werden können. Die Meridiane sind den Organen zugeordnet und versorgen sie mit Energie. Das Meridiansystem ist sehr komplex, und nur ein erfahrener Praktiker kann nach einer eingehenden Diagnostik die energetischen Zustände durch Akupunktur bzw. Akupressur ausgleichen.

Im chinesischen Yoga, auch Tao Yoga oder Chi Gong genannt, sowie in der Diamant-Yoga-Methode nach *Michael Barnett* wurden eine Reihe von Körperübungen entwickelt, die ausgleichend auf dieses Energiesystem wirken. Das oben beschriebene Ausstreichen der Beine folgt dem natürlichen Energiefluß der Meridiane in den Beinen, bei dem die Energie die Körperrückseite hinunter- und die Vorderseite hinauffließt.

Wenn Sie den Ablauf der Ausstreichungen verinnerlicht haben, können Sie einen Teil Ihrer Aufmerksamkeit auf Ihren Atem lenken. Streichen Sie dann mit dem Ausatmen die Beine hinab und mit dem Einatmen die Beine hinauf.

Wenn Sie mit einer Vorstellung arbeiten möchten, probieren Sie folgende Variante: Stellen Sie sich vor, wie Sie mit dem Ausatmen und Hinabstreichen alle verbrauchte, schwere Energie ausatmen. Sie können auch eine Farbe wählen, die Sie ausatmen, z.B. grau. Mit dem Einatmen stellen Sie sich vor, wie Sie sich mit frischer, wohltuender Energie auffüllen und auftanken. Auch mit dem Einatmen können Sie eine Farbe wählen, die Ihnen ein positives Gefühl vermittelt, z.B. gold. Manche Menschen empfinden eine Vorstellung als sehr hilfreich und können sich damit intensiver wahrnehmen. Andere wiederum fühlen sich durch eine Vorstellung abgelenkt und nehmen lieber das wahr, was körperlich spürbar ist. Finden Sie selbst heraus, wie Sie sich am besten entspannen können.

Stellen Sie sich wie bei der ersten Übung hin. Nun beginnen Sie, Ihre Beine mit der flachen Hand oder den Fäusten leicht zu klopfen. Sie können überall klopfen, wo Sie es als angenehm empfinden. Dort, wo Ihre Beine knöchern sind (z.B. Knie, Schienbein) klopfen Sie leichter und wo es viele Muskeln gibt, fester (z.B. Po, Oberschenkel). Nach dem Wachklopfen der Beine streichen Sie sie zum Abschluß zweimal aus.

Wachklopfen

89

Lifting für Körper und Geist:
Mit beiden Beinen im Leben stehen

In unserer Umgangssprache gibt es eine Reihe von Redewendungen, die sich auf die Beine und Füße beziehen. Diese Redewendungen verdeutlichen, wie Menschen zu ihren Beinen stehen, z.B.: Pudding in den Knien; mit beiden Beinen im Leben stehen; Lügen haben kurze Beine; was man nicht im Kopf hat, hat man in den Beinen; auf eigenen Beinen stehen; auf großem Fuß leben; mit dem linken Fuß zuerst aufstehen usw.

Beine bedeuten Kraft und Unabhängigkeit

Beine sind sehr wichtig. Unsere Beine bringen uns dorthin, wo wir hinwollen. Psychologisch betrachtet sind Beine mit Unabhängigkeit verbunden. Wie stolz sind kleine Kinder, wenn sie endlich selbständig ihre ersten Schritte machen! Vielleicht erinnern Sie sich oder können es nachvollziehen, was es bedeutet, endlich ohne die Hilfe von anderen Menschen laufen zu können. Wenn wir uns den Zeh verletzen, eine Blase am Fuß haben oder sogar ein gebrochenes Bein, dann lernen wir, unsere Beine und Füße zu schätzen. Schenken Sie Ihren Beinen für einige Momente Ihre anerkennende Aufmerksamkeit.

Beine bedeuten Bewegung. Die meisten Sportarten basieren auf intensiver Beinarbeit. Im Sport erfahren wir durch die Kraft unserer Beine Freude und Anerkennung. Weitere Betätigungen, bei denen wir unsere Beine brauchen, sind z.B. spazierengehen und tanzen! Tanzen ist für viele Menschen Selbstausdruck, kreative Bewegung, sich mit einem anderen Menschen bewegen, auspowern und Spaß haben. Auch zur Verteidigung und zum Angriff können wir unse-

re Beine sehr effektiv einsetzen. Dank ihrer Kraft vermögen uns die Beine zu schützen.

Auch Sexualität und Erotik verbinden wir mit den Beinen. Frauenbeine wurden immer als besonders erotisch empfunden, und es ist noch gar nicht so lange her, daß Frauen in unserer Gesellschaft ihre Beine unter langen Kleidern verbergen mußten. Bein zu zeigen galt als unzüchtig.

Heutzutage dürfen Frauen ihre Beine zeigen. Dadurch entwickeln sich oftmals Probleme, denn Frauen betrachten ihre Beine sehr kritisch und vergleichen sie mit dem »Idealbein«. Das Idealbein sollte lang, unbehaart und schlank sein, auf keinen Fall Zellulitis aufweisen und nicht »schwabbeln«. Wieviele Frauen erreichen dieses Ideal? Die wenigsten. Das erzeugt Frust statt Lust. Dieser Frust spiegelt sich im Bindegewebe. Haben wir unsere Beine als ästhetisch ungenügend abgestempelt, fängt das Gewebe erst recht an zu schwabbeln. Die innere Aufrichtung und das Selbstbewußtsein lassen sich »hängen«.

Kritik gegenüber dem eigenen Körper ist in Maßen angebracht. Beginnt diese Kritik jedoch, die Liebe zu unserem eigenen Körper zu zerstören, so kann uns keine äußere Manipulation auf Dauer Schönheit schenken.

Schönheit entsteht, wenn wir uns selbst lieben und wertschätzen

Schönheit entsteht, wenn wir uns lieben und wertschätzen. Wir haben tatsächlich die Macht, geistig auf unseren Körper Einfluß zu nehmen, positiv wie negativ. Haben wir eine negative Haltung gegenüber unseren Beinen, so werden wir sie vernachlässigen. Wir sehen sie nicht mehr an, sondern verstecken sie vor unseren eigenen und fremden Blicken. Vielleicht verlieren wir dann auch die Lust, unse-

91

re Beine ausreichend zu bewegen. Die Beine werden nicht gebürstet, nicht eingerieben und nicht massiert. All das wird sich auf die Dauer auf den Muskeltonus, die Straffheit des Bindegewebes und die Geschmeidigkeit der Haut auswirken. So ziehen negative Einstellungen Konsequenzen nach sich, die dann wiederum unser negatives Bild bestätigen.

Lieblose und negative Gedanken wirken sich auf den Körper aus

Verurteilende, lieblose und negative Gedanken wirken sich auf den Körper aus. Die Haltung wird gebeugt. Die Muskeln produzieren mehr Säure, Schlacken werden festgehalten und bilden Polster im Gewebe. Es ist ein Kreislauf, den wir bewußt stoppen müssen, wenn wir uns zu unserer eigenen Zufriedenheit entwickeln möchten. Der erste Schritt, mit der negativen Gewohnheit zu brechen, ist der schwerste. Gehen Sie diesen ersten Schritt auf der geistigen und physischen Ebene parallel. Die eine Ebene unterstützt die andere, und Sie gewinnen dadurch geistige und physische Kraft. Sie lernen sich selber kennen und entdecken, was Ihnen guttut und Sie weiterbringt.

Lösen Sie sich von den durchschnittlichen Meinungen über Schönheit, und fragen Sie sich, was Sie persönlich als schön empfinden. Betrachten Sie Ihren Körper und bemerken Sie, was Ihnen an ihm gefällt. Schenken Sie Ihrem Körper Anerkennung und Wohlwollen. Was Sie an sich mögen, ist Ihre Basis. Auf dieser Basis können Sie die von Ihnen abgelehnten Teile betrachten und sich ihnen Schritt für Schritt auf geistiger und körperlicher Ebene nähern. Das ist Lifting für Körper und Geist!

fit fürs Leben

8. TouchLife Massage für Arme und Hände

Eine Armmassage wirkt sich positiv auf den ganzen Schultergürtel und den Brustkorb aus

Der linke und der rechte Arm und die linke und die rechte Hand sind meist unterschiedlich geschickt. Die Arme können sich gemeinsam bewegen, aber auch jeder einzeln eine Bewegung ausführen. Das trifft auf die Beine nur eingeschränkt zu, da sie sich meist gleichzeitig bewegen. Die Arme müssen nicht unser Körpergewicht tragen und besitzen deshalb eine größere Bewegungsfreiheit als die Beine.

Arme können sowohl kraftvoll handeln, als auch Gedanken niederschreiben, unsere Kreativität künstlerisch ausdrücken, zärtlich sein (umarmen!) und vieles mehr. Die Arme sind sehr wichtige Körperteile und haben einen entscheidenden Anteil an unserem Selbstausdruck und unserer Selbstverwirklichung. Die Arme tun viel, sie sind meist aktiv und erhalten doch für ihr Tun in der Regel wenig Anerkennung von uns. Wir erwarten, daß sie funktionieren.

Eine Armmassage kann auf die Bedürfnisse der Arme eingehen und ihnen Aufmerksamkeit schenken. Die Arme sind so sehr daran gewöhnt zu arbeiten, daß es zu Beginn manchmal schwerfällt, die Armmuskulatur zu entspannen. Spannungen in den Armen haben Auswirkungen auf den Nacken, den oberen Rücken und den Brustraum. Deshalb wirkt sich eine Armmassage sehr positiv auf die Nackenmuskulatur und den gesamten Schultergürtel aus.

Spannungen in den Armen wirken sich auch auf andere Körperbereiche aus

Wir können lernen, mit Massagen und Übungen unsere Arme zu entspannen. Die folgenden Massagegriffe sind eine Mischung aus Bewegungsgriffen (auch Gelenkmobilisation genannt), Haltegriffen und Streichungen.

Wie die Beine werden auch die Arme nacheinander behandelt. Mit welchem Arm fängt man am besten an? Ein Rechtshänder hat gewöhnlich mehr Spannung im rechten Arm, da er mit rechts am meisten arbeitet. Der linke Arm ist bei den Rechtshändern entspannter und eher bereit loszulassen. Man kann mit dem verspannteren Arm beginnen, denn wenn der aktive Arm erst einmal entspannt ist, hat auch der noch nicht behandelte Arm bereits etwas nachgegeben. Sie können aber auch mit dem entspannte-

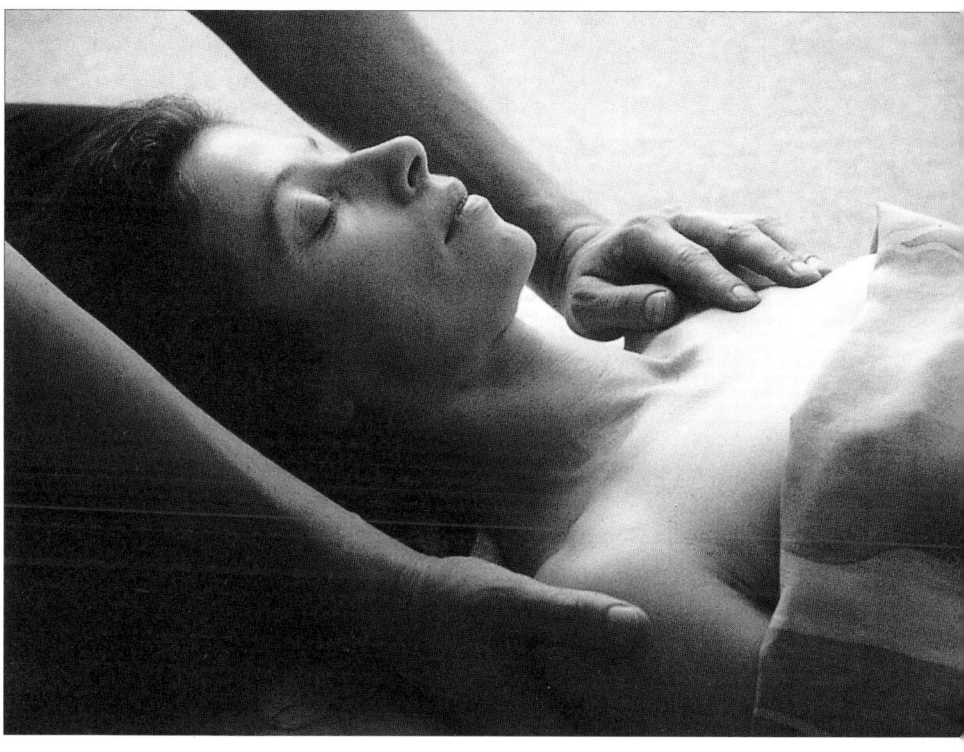

ren Arm beginnen, da dieser weniger Widerstand leistet und die Berührung schneller angenommen wird. Beide Möglichkeiten sind sinnvoll. Im Vorgespräch fragen Sie am besten Ihren Partner, mit welchem Arm Sie beginnen sollen.

Wenn Sie die Massage des ersten Armes beendet haben, können Sie, wie auch bei der Beinmassage, Ihren Partner ansprechen und sich den Unterschied zwischen dem bereits massierten und dem noch nicht massierten Arm beschreiben lassen.

95

Du darfst loslassen

Haltegriff:
Schulter und Hand
verbinden

Ihr Partner liegt bequem auf dem Rücken. Legen Sie eine Hand auf das Schultergelenk und ergreifen Sie mit der anderen – nicht zu fest – die Hand Ihres Partners. Dabei sitzen Sie seitlich neben seinem Oberkörper. Lassen Sie diesen Kontaktgriff etwa eine Minute wirken.

Gelenkmobilisation

Umfassen Sie mit beiden Händen – Sie können Ihre Finger zum besseren Halt ineinander verschränken – das Handgelenk Ihres Partners. Bringen Sie den Arm in einen rechten Winkel, und versetzen Sie ihn in eine sanfte und lockernde Schaukelbewegung. Danach beginnen Sie behutsam, den Arm aus dem Schultergelenk heraus zu kreisen. Wechseln Sie nach einer Weile die Richtung. Ihr Partner darf seine Anspannung ganz loslassen und die Bewegung passiv erfahren.

Armgelenke
dehnen/strecken
(Abb. 25)

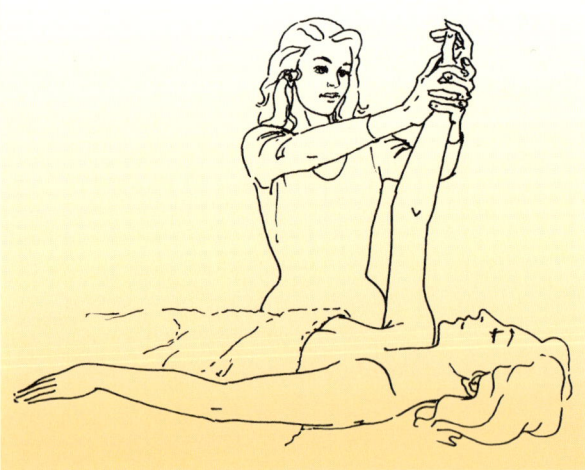

Führen Sie den Arm in eine Senkrechte, so daß Schulter-, Ellbogen- und Handgelenk eine Linie bilden. Die Schulterkugel darf etwas in der Luft schweben – dabei werden alle Gelenke des Schulter-Arm-Systems gedehnt. Das Schulterblatt auf der Rückseite des Brustkorbs sollte aber den Kontakt zur Unterlage behalten (Abb. 25).

Armgelenke dehnen/strecken

Großes Ausstreichen für den Arm (Abb. 26)

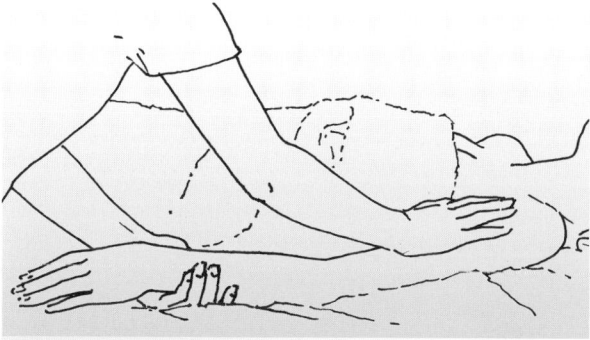

Tragen Sie etwas Massageöl oder Lotion von der Hand bis zur Schulterkugel auf. Setzen Sie sich neben den Unterarm in Richtung Schulterkugel. Mit der einen Hand halten Sie das Handgelenk Ihres Massagepartners, mit der zweiten Hand streichen Sie den Arm nach oben aus. Sie fahren um die Schulterkugel und streichen nun über die Unterseite des Armes. Wenn Sie zum Handgelenk kommen, lösen Sie den Haltegriff und streichen mit beiden Händen gleichzeitig (»Sandwich«) über Handgelenk, Handinnenfläche und Finger aus. Wiederholen Sie diesen Griff sechsmal.

97

Handgelenk entstauen
(Abb. 27)

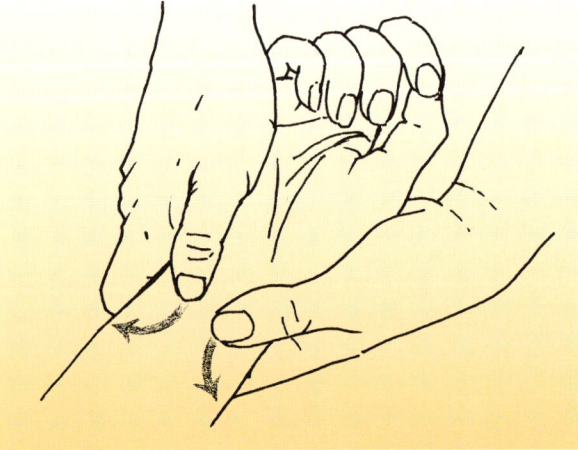

Massieren Sie mit kreisenden Daumen um die Knochen des Handgelenks. Ihre Massagefläche ist 5 cm breit und führt um das Handgelenk herum. Wenn Sie dabei den Unterarm ein wenig drehen, können Sie mühelos die Ober- und die Unterseite behandeln.

Handmassage
(Abb. 28)

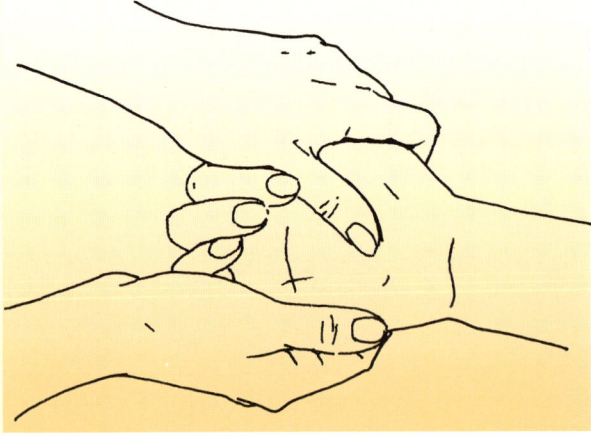

Sie können hart arbeitenden Händen mit einer Hand-
massage eine große Freude machen. Massieren Sie kreisend mit den Daumen in die Handinnenfläche hinein.
Besonders die Muskulatur, die den Daumen bewegt, genießt eine gründliche Behandlung (Abb. 28).

Handmassage

Streichen Sie jeden Finger einzeln aus. Eine Hand hält dabei unterstützend das Handgelenk fest, während Sie mit
Daumen und Zeige-/Mittelfinger der zweiten Hand die
Finger umfassen und vollständig ausstreichen. Es tut gut,
wenn Sie dabei ein wenig ziehen.

Finger ausmelken

Danach legen Sie den Arm ab, decken ihn zu und wechseln
zum zweiten Arm. Wiederholen Sie dann alle vorigen
Schritte für den zweiten Arm.

Lifting für Körper und Geist: Körper-
bewußtsein für die Arme entwickeln

Sie entwickeln bereits Körperbewußtsein, wenn Sie sich
vergegenwärtigen, wie Ihr Arm aufgebaut ist. Ihr Arm ist
durchaus nicht einfach ein Teil Ihres Körpers, der von den
Schultern bis zu den Fingerspitzen reicht. Machen Sie sich
bewußt, daß er aus verschiedenen Teilbereichen besteht,
die durch Gelenke beweglich miteinander verbunden
sind.

Das Schultergelenk verbindet den Arm mit dem Oberkörper. An den Oberarm schließt sich das Ellbogengelenk an,
das etwas weniger beweglich ist als das Schultergelenk.
Das Ellbogengelenk verbindet den Ober- mit dem Unterarm. Der Unterarm mündet in das Handgelenk, an das sich
die Hand anschließt. Die Hand teilt sich auf in die Handin-

99

Jeder Teil des Armes besitzt eine andere Qualität

nenfläche, die aus vielen kleinen Knochen zusammengesetzt ist und die fünf Finger, von denen jeder in drei bzw. zwei (Daumen) Fingerglieder unterteilt ist. Die Finger sind mit dem Handteller ebenso gelenkig verbunden wie die Fingerglieder untereinander. Dieser Aufbau der Hand erlaubt uns optimale Beweglichkeit und Geschicklichkeit.

Jeder dieser Körperteile hat verschiedene Aufgaben und Qualitäten. Wenn Sie nun Ihren eigenen Arm spüren, wie empfinden Sie die unterschiedlichen Bereiche? Welche Eigenschaften und Aufgaben würden Sie den Teilbereichen zuordnen?

Schreiben Sie Ihr subjektives Empfinden zu jedem Teil Ihres Armes auf. Hier ein Beispiel für die Schulter: beweglich, kann bestimmte Gesten ausdrücken wie Achselzucken. Meine Schultern sind ungleich, eine hängt weiter oben als die andere. Die rechte Schulter fühlt sich unbeweglicher an etc.

Bereiche des Armes	Wahrnehmung
Schulter	
Oberarm	
Ellbogen	
Unterarm	
Handgelenke	
Hände	
Finger	
Daumen	
Fingergelenke	
Fingernägel	

Die Arme befinden sich wie alle Körperteile in einem ständigen Wechselspiel von Anspannung und Entspannung. Oft ist dieses natürliche Wechselspiel gestört, und eine dauerhafte Spannung kann sich einstellen. Aber auch das andere Extrem, Schlaffheit, ist möglich. Kennen Sie diese Empfindungen in Ihren Armen? Gibt es eine, die bei Ihnen überwiegt?

Die Arme sind unsere Instrumente, um mit anderen Menschen in Kontakt zu treten. Dieser Kontakt besteht aus Geben und Nehmen. Beide Tätigkeiten sind für uns überlebenswichtig. Das Nehmen können wir kontrollieren und versuchen, uns zu holen, was wir brauchen. Empfangen entzieht sich meistens der Kontrolle. Es ist mehr ein Geschenk, das wir erhalten; etwas wird uns in die Hände gelegt.

Das Nehmen können wir kontrollieren – das Empfangen nicht

Alle Menschen besitzen unterschiedliche Wertvorstellungen vom Geben, Nehmen und Empfangen. Meistens gilt Uneigennützigkeit als lobenswert, und Egoismus wird eher verachtet. Jeder Mensch muß diese Bewertung aber für sich selbst vornehmen. Das bedeutet Selbstverantwortung, und es ist wichtig, die eigenen Werte zu bestimmen und für sie einzustehen. Es kann für Sie sinnvoll sein, sich darüber klar zu werden, wie Sie selbst Geben und Nehmen einordnen. Folgende Fragen sollen Ihnen dabei helfen.

Geben und Nehmen	❖ Ist Geben und Nehmen für mich gleichwertig? Oder überwiegt ein Wert? Wie sind Geben und Nehmen in mein Leben integriert?
Nehmen	❖ Bekomme ich von anderen das, was ich mir wünsche und was ich brauche? Kann ich meine Wünsche und Bedürfnisse äußern und einfordern? Falls nicht, was hält mich davon ab? Unter welchen Bedingungen könnte ich mich dafür einsetzen?
Geben	❖ Gebe ich gerne, und was gebe ich gerne? Gebe ich mehr, als ich geben kann oder möchte? Fühle ich mich manchmal ausgenutzt? Falls ja, in welchen Situationen? Gibt es etwas, das ich geben möchte, mir aber bislang nicht zugetraut habe?

Eine Übung für mich selbst:
Freie Bewegung erlauben

Freie Bewegung zu erlauben, ist sehr einfach und wirkungsvoll. Sie können liegen, sitzen oder stehen. Schließen Sie die Augen, und lassen Sie ihre Aufmerksamkeit zunächst zu einem Arm gehen. Spüren Sie diesen Arm von der Schulter bis hinunter zu den Fingern. Nehmen Sie auch die Haut auf Ihrem Arm wahr. Empfinden Sie die Luft auf Ihrer Haut als warm oder als kühl? Machen Sie sich bewußt, daß um Ihren Arm herum Raum ist. In diesem Raum kann er sich bewegen. Die Bewegung ist frei. Es wird kein Ablauf vorgegeben. Ihr Arm bestimmt allein die Bewegung. Nehmen Sie sich 5 Minuten Zeit pro Arm, und zum Schluß erlauben Sie die Bewegung in beiden Armen gleichzeitig.

Sie können bei der Bewegung Ihren Atem einbeziehen. Atmen Sie etwas tiefer ein und aus als sonst. Im Ausatmen lösen sich häufig Töne oder Seufzer. Wenn diese Seufzer feststecken, helfen Sie etwas nach, und übertreiben Sie zu Beginn. Mit dieser Übung kommen Ihre Bewegungen, Ihr Atem und die Töne in Fluß. Die Übung sollte Sie jedoch nicht anstrengen! Leichtigkeit und ein Gefühl von Freiheit sind Zeichen dafür, daß Sie in Fluß kommen und sich Spannungen auflösen.

Bei jeder Bewegung den Atem mit einbeziehen

Ein Fallbeispiel aus der Praxis: Wie Körper und Geist zusammenwirken

Vor einiger Zeit kam ein Klient mit Schmerzen in der rechten Schulter, die bei bestimmten Armbewegungen stärker wurden, in unsere Praxis. Sein Orthopäde hatte ein Schmerzsyndrom im Schulter-Arm-Bereich diagnostiziert und Massagebehandlungen empfohlen. Als Behandlungsmuster wurde mit dem Klienten eine Rückenmassage vereinbart, die besonders gründlich auf beide Schultern eingeht, damit die gesamte Schulterpartie vorgelockert wird. Daran anschließen sollte sich eine Armmassage, die intensiv die rechte Problemseite behandelt.

Nach 30minütiger Rückenmassage fühlte sich der Klient sehr entspannt. Er hatte das Gefühl, mehr »aufzuliegen«, also im Rücken besser loslassen zu können. Er freute sich auf die Armmassage. Bereits nach den ersten behutsamen Ausstreichungen des rechten Armes trat jedoch ein Stimmungswechsel ein. Er wurde unruhig, sein Gesicht spannte sich an. Der rechte Arm lag nicht völlig entspannt auf dem Massagetisch, so als ob er die Massage nicht empfangen wollte.

103

Auf Nachfrage teilte der Patient mit, er fühle sich irgendwie gedrängt und unter Druck gesetzt, obwohl die Massagegriffe keinen körperlichen Schmerz auslösten. Er war irritiert über den Umschwung in seinem Empfinden, war doch die Massage in der ersten Hälfte für ihn so positiv gewesen. Ich nahm seine Mitteilung ernst, aber nicht persönlich. Ich ermunterte ihn, nicht gegen sein Gefühl der Anspannung und Abwehr anzukämpfen, sondern es als momentan authentische Emotion anzunehmen. Gleichzeitig bat ich ihn, weiter in seinen rechten Arm hineinzuspüren.

Der Arm machte eine abwehrende Bewegung

Er atmete tief durch, und dann machte ich den Vorschlag, er könne seinen Arm einmal in Bewegung gehen lassen, ohne diese zu kontrollieren oder vorschnell zu bewerten. Sein Arm machte eine abwehrende, aggressiv verteidigende Bewegung, die sich mehrmals, immer impulsiver, wiederholte. Beim fünften Mal fragte ich, ob es Worte gäbe, die ihm zu dieser Bewegung durch den Kopf gingen. Es folgten fünf weitere »Schläge«, diesmal begleitet von »*Ich will nicht, laßt mich in Ruhe, ich will das nicht!*«

Danach legte er den Arm ab, und nach ein paar Atemzügen entspannte sich auch sein Gesicht. Ich strich einige Male seinen Arm aus und massierte weiter. Die Berührung war ihm nun willkommen, der Arm vertraute mir sein Gewicht vollständig an. Wir vereinbarten, daß der Klient während der nächsten fünf Minuten der Intensität seiner Emotionen nachspüren und seine Gedanken frei fließen lassen würde, während ich langsam die Massage wieder aufgriff.

Im Anschluß daran – ich hielt nur noch den Oberarm mit beiden Händen umfaßt – erzählte er mir, daß er sich an eine Szene aus seiner frühen Schulzeit erinnert hatte. Er ist Linkshänder, ist aber in der ersten Klasse gezwungen worden, mit der rechten Hand zu schreiben. Mehrmals hat er sich dagegen gewehrt, bis ihn sein Lehrer einmal grob am rechten Arm gepackt und ihn mit Gewalt zu Papier und Stift geführt hat. Er fühlte sich erniedrigt und erhielt auch von seinen Eltern keinen Beistand, da sie ebenfalls seine Linkshändigkeit ablehnten. Er fühlte sich ungerecht behandelt und hätte bei den Schreibübungen am liebsten um sich geschlagen. Da er sich gegenüber dem Lehrer und seinen Eltern nicht durchsetzen konnte, mußte sein Arm die abwehrende, wütende Aggression hinnehmen.

Verhaltensmuster prägen »Haltungsmuster«

Dieser Konflikt konnte wegen der mangelnden Unterstützung von dem Klienten nicht verarbeitet werden und prägte ein Verhaltensmuster, das sich im Laufe der Zeit als – wiederum schmerzliches – Haltungsmuster in seinem Körper manifestierte. Wieso wurde es aber gerade jetzt aktiviert? Gab es Ähnlichkeiten in seiner aktuellen Lebenssituation?

Der Klient konnte spontan zwei Situationen aus seinem beruflichen Alltag nennen, in denen er sich zu Handlungen genötigt sah, die er nicht akzeptieren konnte. Diesmal hatte er jedoch gar nicht erst versucht, die Situation in eine andere Richtung zu lenken, sondern hatte sein abwehrendes Gefühl geleugnet. In dieser Zeit hatten sich seine Schulterschmerzen eingestellt.

Während er über sein Problem sprach, kam ihm die Erkenntnis, daß er als Erwachsener andere Möglichkeiten hat, sich zu wehren, denn als Kind. Sein Arm fühlte sich nach dem Gespräch sehr vitalisiert an, und er fand es großartig, daß er die Sprache und Signale seines Körpers verstanden hatte. Er wollte nicht nachruhen, sondern ging voller Tatendrang und mit der Gewißheit aus der Praxis, etwas in seinem Leben verändern zu können.

Die Sprache des Körpers verstehen

In den folgenden drei Massagesitzungen wurde das Behandlungsmuster Rücken – Arme wiederholt, um den Therapieeffekt zu stabilisieren. Der Klient konnte jedesmal die Berührung gut annehmen und eine angenehme Tiefenentspannung erleben. Nach den drei Sitzungen war er beschwerdefrei.

9. TouchLife Massage für den Bauch

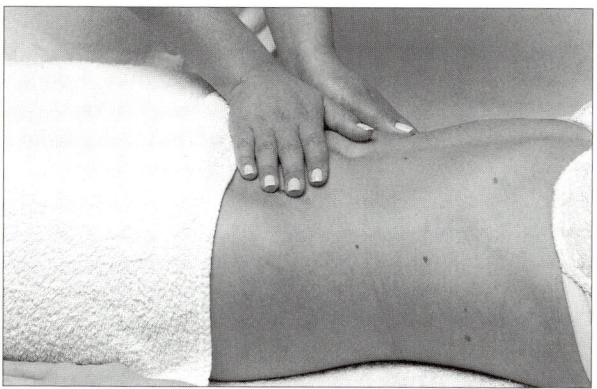

Physiologisch betrachtet finden im Bauch Umwandlungsprozesse von Nahrung in Energie statt. Der Bauchraum bildet die Körpermitte und ist das energetische Hauptzentrum. In den asiatischen Bewegungskünsten wie T'ai chi und Qi Gong lernt der Schüler, sich von diesem Zentrum aus zu bewegen und zu handeln. Auch im Westen kennt man das Sprichwort »aus dem Bauch heraus handeln«: intuitiv, spontan, emotional. Dem gegenüber steht das rationale oder kopfgesteuerte Handeln, dessen Grundlage die logische Analyse ist.

Fühlen ist wesentlich für den Bauch. Sie werden bei einer Bauchmassage erleben, wie intensiv Ihr Bauch empfindet. Wahrscheinlich lassen Sie sich nicht von jedem an ihrem Bauch berühren. Sich den Bauch massieren zu lassen, ist für die meisten Menschen eine Vertrauenssache. Der Bauchraum ist ein verletzlicher Bereich, denn dort, wo die Rippen aufhören, ist er nicht mehr von Knochen umhüllt. Eine angespannte Bauchmuskulatur, mit der wir instinktiv unseren Bauch schützen, gibt zwar etwas Schutz, ist jedoch immer noch wesentlich weicher als Knochen.

Eine Bauchmassage verursacht ein Gefühl wohliger Wärme

Bei einer guten Massage sollte die Bauchmuskulatur entspannt bleiben. Der Massagedruck wirkt sich durch die Bauchmuskulatur hindurch auch sanft auf den Darm, die Blase, die Leber und den Magen aus. Eine weiche, behutsame Berührung ist angenehm. Für den Bauch sind langsame Griffe am entspannendsten, und langsame Bewegungen entsprechen auch den Darmbewegungen (Peristaltik). Als Kind hat uns unsere Mutter bei Bauchschmerzen eine Hand auf den Bauch gelegt, sanft hin- und hergestrichen oder mit einer Wärmflasche unseren Bauch entspannt. Angenehme Berührung am Bauch signalisiert, *»du bist gut aufgehoben, du darfst dich entspannen, alles wird gut«.*

Bauch: Kraft der Mitte

Sie haben sicher schon beobachtet, wie sich Tiere verhalten. Tiere legen sich auf den Rücken und zeigen ihren Bauch, wenn Sie Vertrauen haben oder wenn Sie sich vor ihren Artgenossen ergeben. Daß der Bauchraum verletzlich und ungeschützt ist, sollten Sie sich als Behandler klarmachen, bevor Sie eine Bauchmassage geben.

Den Bauch zu massieren, ist ein wunderschönes Erlebnis. Der Massierende benötigt nur wenig Kraft, und die Griffe sind sehr einfach. Eine Bauchmassage wird von vielen Menschen wie eine Meditation empfunden. Der meditative Zustand entsteht durch die langsamen, bewußt ausgeführten Massagegriffe und durch die erhöhte Achtsamkeit (siehe Kapitel 3: Atem und Achtsamkeit).

Für den Massagepartner ist die Bauchmassage oftmals eine überraschend positive Erfahrung. Wer noch nie eine Bauchmassage erhalten hat, ist eventuell ein wenig ängstlich, weil er nicht genau weiß, was auf ihn zukommt. Wird die Massage jedoch einfühlsam ausgeführt, so erfährt der

Partner tiefe Ruhe, Selbstvertrauen, Aufgehobensein und ein Gefühl von angenehmer Wärme.

Es ist stärkend und aufbauend, durch eine Massage wieder in Kontakt mit dem eigenen Bauch und der inneren Mitte zu kommen. Sie erfahren, daß Sie in Ihrer Mitte ruhen und zuversichtlich leben können. Wir wünschen Ihnen viel Freude und positive Erfahrungen im Geben und Empfangen einer einfühlsamen Bauchmassage.

Durch Massage in Kontakt mit der eigenen Mitte kommen

In Kontakt mit der eigenen Mitte sein

Bei einer Bauchmassage setzen oder stellen Sie sich auf die rechte Seite Ihres Partners, der zwei Stunden vorher nichts mehr gegessen haben sollte. Ein leerer Bauch kann besser genießen und nachgeben. Die Massage löst auf einen vollen Bauch einen unangenehmen Druck aus. Die Massagegriffe werden kreisend im Uhrzeigersinn ausgeführt, gemäß den Verdauungsprozessen im Darm.

Bei der Bauchmassage läßt sich die Atembewegung des Empfangenden sehr gut beobachten. Sie können sehen, wie sich die Bauchdecke mit dem Einatmen nach oben wölbt und mit dem Ausatmen zusammenzieht.

Bei streßbedingten Spannungen im Bauch können Sie diesen Bereich sanft massieren. Sind die Schmerzen oder Spannungen organischer Ursache, raten wir von einer Massage ab. Auch für die Bauchmassage gelten die bereits erwähnten Gegenanzeigen (Seite 31).

Haltegriff
Bauchdecke

Sie setzen sich neben Ihren Partner und legen langsam beide Handflächen auf die Bauchdecke. Spüren Sie in Ihre Hände hinein, und beobachten Sie, wie diese von der Ein- und Ausatembewegung auf- und abbewegt werden.

Begrüßungsgriff:
zwei Halbmonde malen
(Abb. 29)

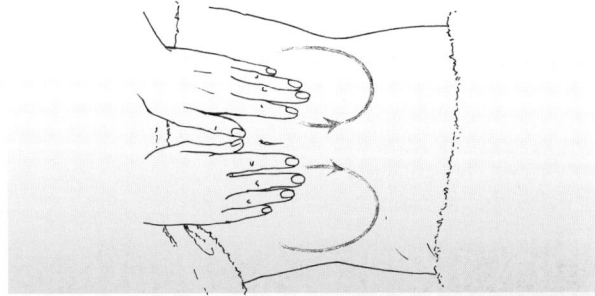

Tragen Sie behutsam, ohne viel Druck auszuüben, etwas Massageöl in fließenden Bewegungen auf den Bauch Ihres Partners auf. Legen Sie beide Handflächen parallel auf den Bauch, so daß Ihre Fingerspitzen zum Kinn zeigen. Streichen Sie dann in zwei spiegelverkehrten Halbkreisen mehrmals über die Bauchfläche.

Große Kreise auf
dem Bauch
(Abb. 30)

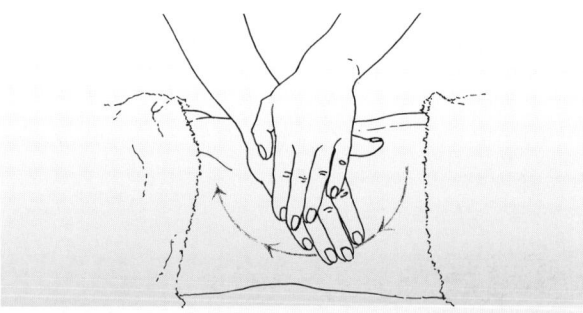

Für diesen Griff legen Sie eine Hand flach auf die andere. Nur eine Handfläche ist in Kontakt mit dem Körper – die andere Hand unterstützt lediglich. Bewegen Sie nun Ihre

Hände in einer Kreisbewegung im Uhrzeigersinn – so verläuft die Dickdarmschlinge – über und um den Bauch herum. Wechseln Sie zwischen großen und kleinen Kreisdurchmessern. Je langsamer Sie arbeiten, desto intensiver wird dieser Griff empfunden.

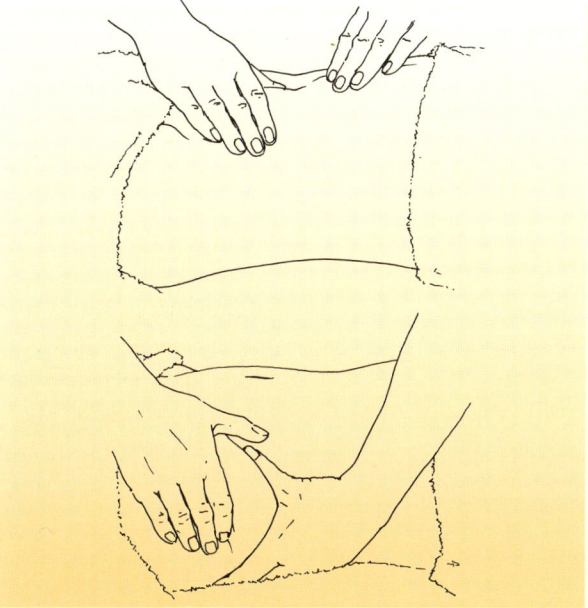

Kneten
(Abb. 31 und 32)

Kneten Sie die Bauchmuskulatur Ihres Partners abwechselnd mit beiden Händen. Fragen Sie ihn, wieviel Druck für ihn angenehm ist. Sie können direkt auf dem Bauch oder seitlich am Beckenknochen kneten.

Zum Abschluß lassen Sie aus dem Kneten einen Haltegriff werden, indem Sie das Tempo so sehr verlangsamen, bis die Hände in der Bauchmitte zur Ruhe kommen. Nach einer Minute lösen Sie den Kontakt.

Abschlußgriff

111

Lifting für Körper und Geist:
Ich male meinen Bauch

Sie sehen auf der vorherigen Seite einen leeren Kreis als Symbol für Ihren Bauchraum. Im und über diesen Kreis hinaus können Sie ein Bild Ihres Bauches malen. Wählen Sie die Farben aus, die Sie mit Ihrem Bauch in Verbindung bringen.

Schreiben Sie Wörter oder Sätze hinein, die Ihnen in bezug auf Ihren Bauch einfallen. Wenn Ihnen dieser Kreis zu klein ist, zeichnen Sie sich einen größeren.

Um Sie zu dieser kreativen Handlung zu inspirieren, hier noch einige Fragen und Denkanstöße:

❖ Wie sieht meine Bauchmitte aus? Welche Gefühle sind in meinem Bauchraum beherbergt?

Malen Sie ein Bild vom Bauch

❖ Geben Sie den verschiedenen Gefühlen eine Form, Farbe und den richtigen Platz in diesem Kreis. Prüfen Sie auch, wieviel Platz das jeweilige Gefühl einnimmt. Fallen Ihnen Wörter oder Sätze zu diesen Gefühlen ein? Dann schreiben Sie sie dazu.

❖ Gibt es ein Gefühl, das ich gern im Bauch fühlen würde, das ich aber bislang noch nicht entwickelt bzw. unterstützt habe? Malen Sie es hinein, so wie Sie es sich vorstellen.

Malen Sie ein Bild
vom Bauch

❖ Braucht mein Bauch Schutz? Wenn ja, wie kann ich Schutz gestalterisch umsetzen? Sind die Verdauungsvorgänge in meinem Bauchraum im Fluß oder habe ich Stellen, wo es stockt? Wo hängt der Ballast fest? Malen Sie diese Stellen in der entsprechenden Farbe hinein.

❖ Gibt es Stellen, die sich besonders angenehm und leicht anfühlen? Bringen Sie diese Stellen ins Bild. Sie können auch Symbole in das Bild malen, um bestimmte Zustände und Gefühle auszudrücken, z.B. die Sonne für Wärme, eine Blume für Freude, einen Mund für Lust, Feuer für Wut etc.

Es ist manchmal interessant, ein Bild vor der Massage zu malen und eines danach. Betrachten Sie beide Bilder, und erforschen Sie die Veränderungen.

Diese Bilder können Sie sich auch gemeinsam mit Ihrem Massagepartner ansehen und seine Eindrücke hören. Vielleicht hat er beim Massieren bestimmte Zustände in Ihrem Bauch gespürt und kann sie in Ihrem Bild wiedererkennen!

Eine Meditation: Den Atemraum entdecken

Legen Sie sich bequem auf den Rücken. Schließen Sie die Augen, und legen Sie sich ein Kissen auf den Bauch. Es sollte ein angenehmes Gewicht haben, das Sie deutlich spüren. Dehnen Sie mit dem Einatmen Ihren Bauchraum so weit, daß das Kissen hochgehoben wird. Das ist etwas anstrengend, hilft Ihnen jedoch, Ihr Atemvolumen zu vergrößern. Mit dem Ausatmen entspannen Sie und spüren, wie das Kissen mit Ihrer Bauchdecke hinuntersinkt.

Atmen Sie mit der Aufmerksamkeit im Bauchraum einige Male bewußt ein. Während der nächsten fünf Atemzüge nehmen Sie Ihren Brustraum wahr. Legen Sie dafür das Kissen auf Ihre Brust. Machen Sie einen tiefen Atemzug, und lassen Sie Ihren Brustkorb weit werden. Diese Ausdehnung sollten Sie auch in den Rippenflanken und bis zum Schlüsselbein spüren. Der obere Rücken wird sich bei der tiefen Brustatmung spürbar in die Unterlage hineindrücken. Nehmen Sie wahr, wie sich die Rippenzwischenräume aufdehnen.

Wenn Sie diese Übung regelmäßig machen, werden Sie merken, daß die Zwischenrippenmuskeln flexibler und dehnbarer werden und sich Ihre Atmung dadurch wesentlich verbessert.

Meditation ist Beobachtung der Vorgänge in Körper und Geist

Nachdem Sie bewußt tief eingeatmet haben, lassen Sie Ihren Atem wieder von selbst ohne Anstrengung kommen. Die eigentliche Meditation besteht darin, daß Sie die Atembewegung in Ihrem Körper beobachten. Meditation verstehen wir als ein reines Beobachten der Vorgänge in Körper und Geist, ohne einzugreifen oder verändern zu wollen (siehe auch Kapitel 3: Atem und Achtsamkeit).

Versuchen Sie, Ihre Achtsamkeit ganz dem zu widmen, was Sie bei der Ein- und Ausatembewegung in Ihrem Körper tatsächlich spüren. Sie werden merken, wie Ihre Gedanken oft abschweifen und Sie sich Themen widmen, die mit der momentanen Situation wenig zu tun haben. Zum Beispiel kann es sein, daß Sie daliegen, Ihren Atem beobachten wollen und nach ein paar Minuten feststellen, daß Sie über das Mittagessen nachdenken oder über die Begegnung mit Ihrem Chef am Morgen. Sobald Ihre Aufmerksamkeit nicht mehr beim Spüren Ihrer körperlichen Vorgänge ist, so erkennen Sie dies an und hören auf, weitere Gedanken in diese Richtung zu entwickeln. Nehmen Sie Ihren Geist bei der Hand und führen ihn in Ihrem Körper dorthin, wo Sie eine Atemausdehnung spüren.

Nehmen Sie Ihren Geist bei der Hand

Wenn Sie zum Spüren zurückgekehrt sind, werden Sie merken, daß sich Ihr Körper entspannt. Die Denkanspannung in der Stirn beruhigt sich. Die Hände entkrampfen, der Kiefer entspannt sich, und ein erleichtertes Aufatmen stellt sich ein. Tauchen Sie immer tiefer in sich hinein, und schöpfen Sie aus dieser Quelle Kraft.

Anhang

TouchLife-Schule für Ganzheitliche Massage

Wir hoffen, daß Ihnen dieses Buch soviel Inspiration und konkrete Anleitung gegeben hat, daß Sie erste Erfahrungen im Geben und Nehmen einer Massage nach der TouchLife-Methode machen konnten.

Wie sind Ihre Massagen angekommen? Haben sich Ihre Massagepartner nach der Massage besser gefühlt als vorher? Sind Sie für Ihre Bemühungen gelobt worden? Haben Sie selbst Freude beim Massieren empfunden, so daß sich auch für Sie der Einsatz gelohnt hat? Würden Sie gern mehr darüber lernen?

Ganz gleich, wie alt Sie sind, und was Sie bisher beruflich gemacht haben – es ist möglich. Wenn Sie jetzt gemerkt haben, daß Sie mit Ihren Händen anderen Menschen etwas geben können, können Sie diese Qualität weiterentwickeln und zum Ausdruck bringen. Das Leitmotiv unserer Arbeit als Massage-Lehrer und Gründer der TouchLife-Massageschule ist »Bewußtheit für Körper und Geist«. Dadurch wird die einfache Massagetätigkeit erhöht und kann eine psychologische und auch eine spirituelle Dimension erhalten.

Die BehandlerInnen arbeiten mit der Erkenntnis, daß sie sich auf einem Weg befinden, der nie zu Ende ist, und sie, solange sie leben, immer den nächsten Schritt gehen dürfen. Dieser ganzheitliche Lernprozeß und der Grad der eigenen Bereitschaft werden sich in jeder Massage widerspiegeln. Darum fühlt sich jede Massage absolut einzigartig an, obwohl unterschiedliche BehandlerInnen die glei-

Das TouchLife-Lehrkonzept vereint Ausbildung und Selbsterfahrung

117

chen Griffe an den gleichen Körperstellen anwenden. Die Massage läßt sich nicht von dem Massierenden trennen, und der berührt nicht nur den Körper, sondern auch die Persönlichkeit.

Die TouchLife-Massageschule unterrichtet seit 1989 Anfänger und Fortgeschrittene in der Methode der *Ganzheitlichen Massage nach Leder & von Kalckreuth* und vermittelt eine fundierte Grundlage aller Massagetechniken, die zu einer Ganzheitlichen TouchLife Massage. Das TouchLife-Seminarangebot wird in Hofheim am Taunus (Rhein-Main-Gebiet) organisiert, die Kursorte befinden sich aber in verschiedenen Städten in Deutschland und Österreich.

Schritt für Schritt vom Anfänger zum fortgeschrittenen Behandler

In Einführungsseminaren können die TeilnehmerInnen prüfen, ob ihnen die Massagearbeit liegt, bevor sie sich für aufeinander aufbauende Kurse entscheiden, die in Wochenend-Blockseminaren nebenberuflich absolviert werden können. In den sogenannten Jahrestrainings, die nach einem differenzierten Lehrkonzept abgehalten werden, werden die KursteilnehmerInnen schrittweise in alle Aspekte der Ganzheitlichen Massage eingeführt. Das betrifft die handwerklichen Fähigkeiten der Massagegriffe, die medizinisch-anatomischen Grundbegriffe, das therapeutische Verständnis, den verständnisvollen Umgang mit energetischen Phänomenen sowie die geschäftlich-rechtliche Seite für diejenigen, die als freiberufliche MassagetherapeutInnen arbeiten möchten.

Unsere Erfahrung hat uns gezeigt, daß sich viele Menschen zu sehr guten BehandlerInnen entwickeln können, wenn sie einfühlsam und gründlich in die »Kunst der heilsamen Berührung« eingeführt werden. Einige unserer TeilnehmerInnen wenden ihre Massagekenntnisse mit viel Freude im privaten Umfeld an, andere engagieren sich beruflich. Unser Unterricht ermöglicht beides, weil sich das TouchLife-Trainingsteam um die individuellen Wünsche und Fähigkeiten jedes Einzelnen kümmert.

Die TouchLife Massage kann nur ganzheitlich gelehrt werden. Deshalb unterstützen wir alle TeilnehmerInnen unserer Seminare, die im wahrsten Sinne des Wortes »unter die Haut« gehen, in ihrem persönlichen Entwicklungsprozeß. Das ausgereifte Lehrkonzept vereint Ausbildung und Selbsterfahrung, denn auf diese Weise lernen die TeilnehmerInnen am schnellsten, intensive Massagen zu geben und gleichzeitig viel über sich zu erfahren.

TouchLife-Trainings richten sich nicht nur an Menschen, die bereits in helfenden oder heilenden Berufen arbeiten und ihr Wissen erweitern wollen. In allen TouchLife-Seminaren befinden sich AnfängerInnen, denn die wichtigste Voraussetzung, um TouchLife Massage erlernen zu können, ist die Freude am Geben!

Die wichtigste Voraussetzung ist die Freude am Geben!

TouchLife MassagetherapeutInnen-Netzwerk

Im TouchLife Massagetherapeutinnen-Netzwerk sind ausgebildete BehandlerInnen aus Deutschland und Österreich registriert, bei denen Sie Einzelsitzungen in der Ganzheitlichen Massage nach der TouchLife-Methode nehmen können. Manche BehandlerInnen üben die Ganzheitliche Massage im Rahmen eines Heilberufes aus (HeilpraktikerIn, KrankengymnastIn, MasseurIn, Psychologe/in);

119

hier werden eventuell die Kosten durch die Krankenkasse übernommen.

Andere BehandlerInnen bieten Massagesitzungen zur Verbesserung des Wohlbefindens, zur Entspannung und Aktivierung der inneren Selbstheilungskräfte und zur Prävention an. Diese TherapeutInnen arbeiten auf freiberuflicher Basis außerhalb des medizinischen Bereichs, denn die Massage gilt in diesem Fall als eine Dienstleistung im Bereich der Gesundheitsvorsorge.

TouchLife Massagen werden individuell gegeben

Massagesitzungen werden leider zunehmend aus dem Leistungskatalog der Kassen ausgegliedert. Auch für die Ganzheitliche TouchLife Massage müssen die Klienten in der Regel selbst bezahlen. Im Vergleich zu den Regelleistungen im medizinischen Bereich erhalten Sie von Ihren Behandlern aber ein überdurchschnittliches Angebot. Die Länge der Behandlung beträgt einschließlich Vor- und Nachgespräch ca. 90 Minuten pro Sitzung. TouchLife Massagen werden nicht in Kabinen verabreicht, sondern für jeden Klienten steht ein eigenes Massagezimmer zur Verfügung.

Einige Krankenkassen übernehmen die Kosten für Massagen, allerdings hat jede Versicherung ihre eigenen Regeln und Entscheidungsspielräume. Bitte sprechen Sie Ihre/n SachbearbeiterIn darauf an oder reichen Sie die Rechnung für Ihre Massagesitzungen bei Ihrer Kasse mit der Bitte um Übernahme ein. Die TouchLife-Massageschule vermittelt Ihnen gern eine Massagetherapeutin oder einen Massagetherapeuten in der Nähe Ihres Wohnortes.

Literaturverzeichnis

Barnett, Michael, »Diamant Yoga Handbuch, One (deutsche Ausgabe)«, Cosmic Energy Connections Verlag

Chang, Stephen T., »Handbuch ganzheitlicher Selbstheilung«, Ariston Verlag

Chopra, Deepak, »Die heilende Kraft«, Lübbe Verlag

Detlefsen, Thorwald, »Krankheit als Weg«, Goldmann Verlag

Dierssen, Ingrid, »Düfte helfen heilen. Handbuch der Aromatherapie«, Hallwag Verlag

Dychtwald, Ken, »Körperbewußtsein«, Synthesis Verlag

Gordon, Richard, »Deine heilenden Hände«, Heyne Verlag

Kapit-Elson, »Anatomie Mal-Atlas«, Arcis Verlag

Khema, Ayya, »Morgenröte im Abendland«, O.W. Barth Verlag

Königstein, Christiane, »Bewußte Gesundheit durch Qi Gong«, htp Verlag

Krahl, Gisela, Andrea Riepe, »Wonne Stunden«, Wunderlich Verlag

Lacroix, Nitya, Sharon Seager, »Massage mit ätherischen Ölen«, Urania Verlag

Lowen, Alexander, Leslie Lowen, »Bioenergetik für jeden«, Goldmann Verlag

Montagu, Ashley, »Körperkontakt«, Klett-Cotta Verlag

Nyanaponika, »Geistestraining durch Achtsamkeit«, Verlag Christiani

Rajneesh, Osho, »Das orangene Buch«, Osho Verlag

Schäffler, Anne, Sabine Schmidt, »Mensch Körper Krankheit«, Jungjohann Verlag

Segal, Suzanne, »Kollision mit der Unendlichkeit«, Context Verlag

Tisserand, Robert B., »Aromatherapie«, Bauer Verlag

Watts/Govinda, »Die Kunst der Kontemplation«, Aurum Verlag

Wilber, Ken, »Mut und Gnade«, Scherz Verlag

Will, Herbert, »Georg Groddeck«, DTV Verlag

Musikempfehlungen

Diese Musik spielen wir regelmäßig während Massagesitzungen und im Rahmen der TouchLife-Seminare, wenn die Teilnehmer miteinander die Massagegriffe üben.

Anugama, »Environment 1 und 2«, »Floating Gently«, »Shamanic Dream«, »Tantric Day«, »HEALING«

Anuragi, »Nightwalk – Piano solo«

BecVar/Chopra, »Vata-Relaxing«, »Pitta-Calming«

Brian Eno, »Music for Airports«, »Thursday Afternoon«, »Ambient 2«

Paul Horn, »Inside the Great Pyramide«, »China«

Lile Mikael, »Ocean of Life«

Oliver Shanti, »T'ai Chi«, »Well Balanced«

Über die Autoren

Kali Sylvia Gräfin von Kalckreuth, geboren 1959, Massage-Lehrerin, Seminarleiterin, Energietherapeutin

Frank Boaz Leder, geboren 1962, Massage-Lehrer, staatlich geprüfter Masseur, Massagetherapeut (American Massage Therapy Association), Gesundheitsberater (Heartwood College for the Natural Healing Arts, Kalifornien, USA)

Kali S. Gräfin von Kalckreuth und *Frank B. Leder* ...

... entwickeln seit 1984 die TouchLife-Methode, die auch als *Ganzheitliche Massage nach Leder & von Kalckreuth* bekannt ist

... leben und arbeiten seit 1989 zusammen

... leiten eine Praxis für Ganzheitliche Massage und Therapie

... sind Gründer und Leiter der TouchLife-Schule für Ganzheitliche Massage in Hofheim/Ts.

... unterrichten Anfänger und Fortgeschrittene in Deutschland und Österreich in der Ganzheitlichen Massage nach der TouchLife-Methode

... lernten bei *Michael Barnett* (spirituelle Therapie und Energiearbeit, Schweiz) und *Ruth Denison* (Vipassana Achtsamkeitsmeditation, USA)

... sind dafür offen, ihr Know-How in andere Gruppen, Schulen oder Institutionen einzubringen

... würden sich über Ihr Feedback zu diesem Buch freuen!

Kali Sylvia Gräfin von Kalckreuth

Frank Boaz Leder

Kontaktadressen

Deutschland

TouchLife-Schule für Ganzheitliche Massage
Leder & von Kalckreuth
Massage-Lehrer • Partnergesellschaft
Breckenheimer Straße 26a
D-65719 Hofheim
Telefon: (06192) 2 45 13
Fax: (06192) 2 45 44
Internet Homepage: http://www.touchlife.de
email: team@touchlife.de

Ganzheitliche Babymassage
Kurse für Eltern und Ausbildungen für Kursleiterinnen
Andrea Erdmann
Sudetenstraße 12D
D-64521 Gross Gerau
Telefon: (06152) 3 94 93

Österreich

Schule für Ganzheitliche Massage und Körperarbeit
Christine Irissa Partsch
Adeldorf 10
A-3143 Pyhra (bei St. Pölten)
Telefon: (02745) 25 25

Körper- & Massageöle
Edle Öle für die natürliche Hautpflege

Naturreine Basisöle

Hochwertige, kaltgepreßte Pflanzenöle und Mazerate (Ölauszüge) für die Körper- und Gesichtspflege werden immer beliebter. Vermischt mit reinen ätherischen Ölen eignen sie sich hervorragend für wohltuende und sinnliche Aromamassagen.

Körper- & Massageöle

• für die Aromamassage

• als edle Hautfunktionsöle
  für die tägliche Körperpflege

• als feine Gesichtsöle

• für die liebevolle
  Partnermassage

*Verwenden Sie
PRIMAVERA LIFE
Körper- und Massageöle:*

als feines Gesichtsöl
»La vie en rose«, »Roses«

als Sportöl
»Body-fit«, »Sweet Lemon«

für die sinnliche Massage
**»Jasmin«, »Calimbao«,
»KokoVanille«**

für die Entspannungs-
Massage
»Fleurs des Lavandes«

für die strapazierte Haut
**»Teebaum/Lavendel«,
»La vie en rose«,
»Fleurs des Lavandes«**

Bitte fordern Sie unseren
großen Farbkatalog an.

PRIMAVERA life®
Die reinste Freude am Leben

Am Fichtenholz 5, D-87477 Sulzberg, Telefon 08376 / 808-0, Fax 08376 / 808-39, www.primavera-life.de

fit fürs Leben Verlag

Brottrunk

Gesundheit aus dem Getreidekorn

Heilen, entschlacken und genießen

fit fürs Leben Verlag

Trinken, essen, baden, einreiben – Brottrunk ist ein einmaliges Universalmittel für Gesundheit und Wohlbefinden

128 Seiten, kt.
ISBN 3-89526-024-X

Licht schenkt Leben

Lebensenergie und Gesundheit durch richtiges Licht

fit fürs Leben Verlag

Licht ist die eigentliche Quelle für alles Leben auf der Erde. Auch im Zeitalter des Ozonlochs gibt es Möglichkeiten, Körper und Seele mit gesundem Licht zu versorgen

128 Seiten, kt.
ISBN 3-89526-011-8

Lebenssaft reines Blut

Vorbeugung von Übersäuerung und Verpilzung

fit fürs Leben Verlag

Blut ist der Lebenssaft unseres Körpers. Dr. Orth schildert die vielfältigen Aufgaben des Blutes und die negative Wirkung von verpilztem und übersäuertem Blut

128 Seiten, kt.
ISBN 3-89526-021-5

Natürliche Nahrung für mein Baby

Vom Stillen zur gesunden Säuglingskost

fit fürs Leben Verlag

Eine ausgewogene und tiereiweißfreie Ernährung kann Allergien bereits im Säuglings- und Kleinkindalter vorbeugen. Stuten- und Ziegenmilch sind gesunde Alternativen zur Kuhmilch

128 Seiten, kt.
ISBN 3-89526-026-6

Homöopathie für Pflanzen

Gesundes Wachstum in Haus, Garten und Natur

fit fürs Leben Verlag

Nachdem Menschen und Tiere erfolgreich mit homöopathischen Mitteln behandelt werden, können auch Pflanzen in Haus, Garten und Natur homöopathisch gepflegt werden.

128 Seiten, kt.
ISBN 3-89526-018-5

Impfschutz für Kinder?

Risiken und Alternativen

Der homöopathische Weg

fit fürs Leben Verlag

Alle Eltern stehen vor der schwierigen Entscheidung, ob sie ihr Kind impfen lassen sollen oder lieber nicht. Eine Alternative ist die Stärkung des Immunsystems mit homöopathischen Mitteln

128 Seiten, kt.
ISBN 3-89526-019-3

Erhältlich in jeder Buchhandlung. Fordern Sie unser Gesamtverzeichnis an:
Stendorfer Straße 3 · 27721 Ritterhude · Tel. 04292 - 816344 · Fax 04292 - 816329

fit fürs Leben Verlag

Kuren nach Felke
mit den Elementen der Natur

Die Licht-, Luft- und Lehmtherapie

Licht, Luft, Wasser und Lehm bilden die elementaren Säulen dieser seit 100 Jahren bewährten Heilkur, die alle Ausscheidungsorgane anregt und damit zur Entgiftung des Körpers beiträgt

128 Seiten, kt.
ISBN 3-89526-029-0

Lupinen
Lebensmittel der Zukunft

Mit leckeren Lopino-Rezepten!

Die pflanzliche Eiweiß-Alternative

Lopino ist eine Revolution unter den Nahrungsmitteln. Das Eiweiß der Süßlupine ist ein vollwertiger und schmackhafter Ersatz für tierisches Eiweiß

128 Seiten, kt.
ISBN 3-89526-027-4

Diabetes von Kindheit an

Ein Ratgeber für Eltern und Betroffene

Was tun, wenn das eigene Kind Diabetes hat? Dr. Strom beschreibt, wie Angehörige helfen können und läßt Eltern und Kinder zu Wort kommen

128 Seiten, kt.
ISBN 3-89526-020-7

Hilfe bei Hämorrhoiden

Der Ratgeber für Patienten und Therapeuten

Dieses Buch führt seine Leser anhand ihrer Beschwerden zu den möglichen Krankheitsbildern und zeigt ihnen Wege auf, wie sie selbst oder mit medizinischer Hilfe damit fertig werden können

128 Seiten, kt.
ISBN 3-89526-023-1

Sanfte Darmreinigung zu Hause

Mit Ayurveda zu neuem Wohlbefinden

Die alte indische Lehre des Ayurveda bietet eine sanfte und natürliche Methode der Darmreinigung, die problemlos zu Hause durchgeführt werden kann

128 Seiten, kt.
ISBN 3-89526-012-6

Das Buch der ganzheitlichen Darmsanierung

Gesund durch Colon-Hydro-Therapie

Die ganzheitliche Darmsanierung durch die Colon-Hydro-Therapie zählt zu den wirkungsvollsten Methoden der Gesundheitsvorsorge

128 Seiten, kt.
ISBN 3-89526-016-9

Erhältlich in jeder Buchhandlung. Fordern Sie unser Gesamtverzeichnis an:
Stendorfer Straße 3 · 27721 Ritterhude · Tel. 04292 - 816344 · Fax 04292 - 816329

fit fürs Leben

Gesundheit unter einem Dach

Fit fürs Leben hat es sich zur Aufgabe gemacht, eine natürliche Lebensweise zu fördern: Wir zeigen Ihnen Wege auf, wie Sie Ihre natürlichen Ressourcen reaktivieren und eigenverantwortlich mit Ihrer Gesundheit umgehen können und stehen Ihnen bei Bedarf mit gutem Rat zur Seite.

Fit fürs Leben-Infodienst
Stendorfer Straße 3
27721 Ritterhude
Telefon 0 42 92 - 81 63 10
Fax 0 42 92 - 81 63 29

Seeschlößchen Dreibergen
Deutschlands erstes »Fit fürs Leben-Hotel« liegt an der Sonnenseite des Zwischenahner Meeres.

Fit fürs Leben- und Waldthausen Verlag
Veröffentlichen Bücher zu wichtigen Gesundheitsthemen wie bewußte Ernährung, natürliche Lebensweise, reines Wasser und alternative Medizin.

Bionika Versand
Vielseitiges Sortiment mit praktischen und gesunden Dingen, die für eine vitale Lebensweise im Einklang mit der Natur wichtig sind und das Leben lebenswert machen.

Magazin Fit fürs Leben & natur
Bietet den Lesern jeden Monat aktuelle Tips, Berichte und Reportagen rund um eine natürliche Lebensweise und allgemeine Umweltfragen.

Fit fürs Leben-Kolleg
Das »Fit fürs Leben-Kolleg« bietet allen InteressentInnen eine umfangreiche Auswahl an Ausbildungen, Fernlehrgängen, Seminaren und Vorträgen zum Thema »Ganzheitliche Gesundheit« an.